ブリューコーヒーテクニック

BREW COFFEE TECHNIQUE

「各種の抽出器具と抽出法」

JN256091

旭屋出版

AEROPRESS

豆も、技術も、器具も…。コーヒーの“進化”は日進月歩

スペシャルティコーヒーを扱うカフェやロースターが人気を集め、「スペシャルティコーヒー」という言葉が、マニアだけでなくコーヒー好きに、そして一般の消費者にも認知されるようになってきました。

プロの間では国内大会や世界大会など、技術研鑽の場も広がり、また抽出のメカニズムに科学的な視点も取り入れられ、コーヒー抽出のための技術レベルの底上げも行われています。

そして器具も。高い技術を背景にしたプロのためのスタンダードな器具に加え、「質の高い豆を、一般消費者にも美味しく飲んでほしい」と、さまざまな器具が新しく開発され、販売されるようになりました。

こうした状況から、それぞの要素が影響し合い、日々、飛躍的に進化しているのがコーヒーという飲み物です。

そこで、現在入手できるさまざまな器具を用いて、高品質の豆の個性を上手に抽出するためのプロの手法を、一冊にまとめました。これらを参考に、コーヒーの魅力をさらにレベルの高いものにできるよう、コーヒー抽出の技術向上に役立てていただければ幸いです。

旭屋出版 編集部

PREFACE

BREW COFFEE TECHINIQUE

［目 次］

※お店の情報、コーヒーの価格、ブレンドコーヒーの内容は、2017年9月30日現在のものです。

ペーパードリップ

今、さまざまなタイプのペーパードリッパーが登場している。
抽出機能を高めた上、形や色など視覚的な要素にも配慮し、
キッチンのインテリアの一部にもなるような器具だ。
これらのドリッパーの使いこなし方を紹介。

●フラワードリッパー『珈琲豆処 夢珈 本店』

●クリスタルドリッパー『瑠之亜珈琲 銀座インズ店』

●HARIO V60『The Brewers Labo Fusuku Coffee』

●カリタ ウェーブドリッパー185『The Brewers Labo Fusuku Coffee』

●KINTOスローコーヒースタイル カラフェセット プラスチック『HIBI COFFEE KYOTO』

●ドーナツドリッパー『ARiSE COFFEE ENTANGLE』

(NEW TYPE)

ドリッパー内側の工夫でネルドリップに近い味わいを実現

コーヒー器具の製造・販売を行う㈱三洋産業。中塚社長。独自のCAFECブランドを立ち上げ、世界へも発信していく。

同社で開催する一般向けコーヒー教室での「コーヒーはバリスタなどのプロでないと美味しくできない」という声を受けて、「新鮮なコーヒーを一般の人にもより美味しく出せる器具を」と独自開発したのが、ドリッパーの内側を花びらのような形状にしたフラワードリッパー。内側のくぼみにより、ペーパーフィルターでもネルに近い抽出と、深層ろ過層の形成が可能に。抽出方法は、蒸らしを行った後は、抽出方法も同社で開催する一般向けコーヒー教室にて分かりやすく教えている。

珈琲豆処 夢珈 本店
㈱三洋産業 代表取締役社長・中塚茂次

【夢珈ハウスブレンド】
2002年のオープン当初から提供している、定番のコーヒー。コクに加えて、甘み・苦み・酸味の調和の取れたブレンドで、クセのない味わいで飲みやすいのが特徴。

COFFEE BEANS

夢珈ハウスブレンド
420円（税込）

◉抽出データ（1杯分）
［豆の量］12g
［挽き具合］中粗挽き（10目盛のものなら7〜8）
［ミル］フジローヤル
［湯温］90℃
［抽出時間］1〜2分
［抽出量］130cc

【フラワードリッパー】

味わい深いコーヒーを抽出するための研究開発を続ける三洋産業が、円すい形ドリッパーの開発技術を活かし、ネルドリップの良さも加味して、2016年12月に完成したのがフラワードリッパーだ。内側の形が花びらの形状であることから、フラワードリッパーと命名。有田焼で5色のものと、樹脂製の透明タイプもある。取っ手も持ちやすいデザイン。

使用したコーヒーポットは、同社製品の極細口ポット「TSUBAME PRO」。口先を6㎜と超極細に仕上げているため、これまで以上に湯を細く、一定の量で出すことができる。点滴ドリップに最適。

ドリッパーを肉厚にして内側に窪みをつけることで、ペーパーフィルターでも湯を吸ったコーヒーがドリッパー内で膨らむのを妨げない。深層ろ過層も特徴だ。

住所=大阪府堺市北区長曽根町3079-14
電話=072-256-6600
URL=http://youmeca.jp/
営業時間=9:30～19:00
定休日=木曜日

準備 PREPARATION

アバカ円すい形コーヒーフィルターを使用。アバカ(麻)は強度が高く、通気性(通液性)に優れるので、雑味のないクリアな味わいのコーヒーが抽出できる。圧着部分をしっかりと折り、下部をつまんでドリッパーにセットする。

沸騰した湯を、ポットに移して準備。この作業によって湯温は10℃くらい下がるので、その湯温で抽出する。熱湯は空気を多く含み、この空気により粉が湯を充分に吸収できないからである。

抽出 BREW

1

ミルで挽いた人数分の粉を、フィルターに入れる。豆の量は、1人分12g×人数分。

2

ドリッパーを軽く振って、粉の表面を平らにならす。この作業で、湯が粉に均等に行き渡る。

3

最初の蒸らしの注湯は、小さく一周、中くらいの大きさで一周、大きく一周させる。注湯したとき、細かな気泡がでるのは、粉が新鮮な証拠。

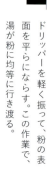

6

ここで大事なのは、中心から５００円玉以上の大きさで注湯しないこと。抽出量になったら、湯を落とし切る前にドリッパーをすぐ外す。

4

蒸らし時間は、15〜20秒。次第に表面が割れてくるので、それが2回目の注湯の合図。

5

注湯の目安は、最初は5円玉、そして10円玉、１００円玉、５００円玉の大きさ。注湯した部分の外周の端を広げるようにする。切れ目なく、膨らみを崩さない程度に、下から抽出されていく量と同じ程度の量の湯を注いでいく。

ダイヤカットの形状で湯を均等に伝え、均一な蒸らしと抽出を実現した

2015年に入社の副店長・瀬谷美紗樹さんは、同店でクリスタルドリッパーを使った抽出を担当。

2015年にオープンした㈱銀座ルノアールの『瑠之亜珈琲 銀座インズ店』。同店では、提供するスペシャルティコーヒーはハンドドリップかカフェプレスで抽出しており、ハンドドリップはキーコーヒー㈱のクリスタルドリッパーを使用。同ドリッパーは中挽きから粗挽きにまで対応できるが、店では中挽きで抽出する。90～100℃の高温の湯を使用。コーヒーをしっかりと蒸らすことと、注ぐスピードに注意し、スペシャルティコーヒーの良さを引き出す。

瑠之亜珈琲 銀座インズ店
副店長・瀬谷美紗樹

【スペシャルティコーヒー（コロンビア マンタ）】

ハーブ、ジャスミン、シリアルの香り。ティピカ種ならではのやわらかい口当たりで、キウイを思わせる甘酸っぱい余韻が特徴。

COFFEE BEANS

コロンビア マンタ
780円（税込）

◉抽出データ（2杯分）
[豆の量]1杯12g×2
[挽き具合]中挽き
[ミル]カリタ ナイスカットミル
[湯温]95℃前後
[抽出時間]2分30秒
[抽出量]280cc

【クリスタルドリッパー】

キーコーヒー㈱が豆の販売に加え、カップに入った1杯まで味わい深いコーヒーを楽しんでほしいという想いから、独自開発の器具として初めて、2014年11月に発売したドリッパー。特徴はドリッパー内のダイヤカット形状。内側全面に広がるダイヤの頂点が点でフィルターを支える構造になっており、湯を注ぐと、そこを伝って均一に広がって行くため、粉に均一に湯が供給され、抽出時のムラが出にくい。ポリカーボネイト製で見た目にも美しく、軽いのも利点。120°Cまでの耐熱性がある。1〜4杯取り。

住所=東京都中央区銀座西1-2 銀座インズ3内1階
電話=03-3564-2850
URL=https://www.ginza-renoir.co.jp/runoacoffee/
営業時間=8:00〜23:00
定休日=インズ休館日

準備 PREPARATION

クリスタルドリッパーは、一般層の利用も視野に入れている。ペーパーフィルターも、誰でも手軽で簡単に美味しいコーヒーが淹れられるようにと、円すい形を使用。

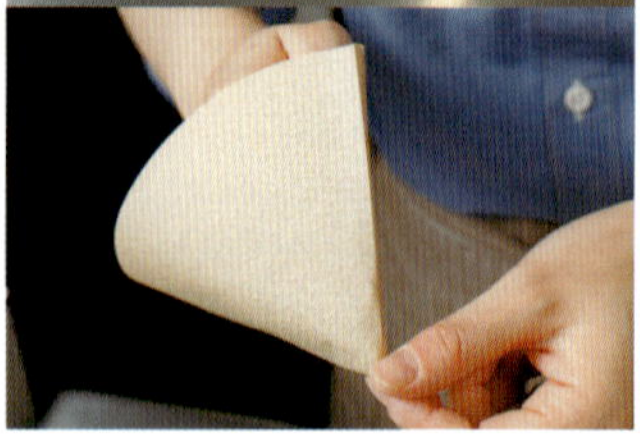

圧着部分を折ったら、いったん開き、円すい形が保たれるよう、底の部分を少しつまんでドリッパーにセットする。

抽出されたコーヒーが冷めてしまわないよう、コーヒーサーバーは湯を入れて温めておく。

クリスタルドリッパーも、湯を注いで温める。注いだ湯が冷めにくい。

抽出 BREW

1 ペーパーをドリッパーにセットして、挽きたての粉を入れる。ゆすって表面を平らにする。

2 湯は沸騰させたものを準備する。コーヒーポットに移す場合は湯温が下がるので、電磁加熱器で適温（95℃）にする。

3 サーバーの湯を捨てて注湯。やや細めの湯で、粉の中央から落とし始め、渦を描くように広げながら注湯する。

4

粉全体に湯がしみ込む量だけ注いだら、注湯を止めて蒸らす。蒸らし時間は30秒。

5

中央部に2回目の注湯を始める。中央から10円玉くらいの円を描くように注ぐのがポイント。

6

その後も同様に、円を描くように注ぎ、湯が落ち切る前に次を注ぐ。

7

上手く注げていると、表面の膨らみがきれいに残る。2回目の注湯から湯量を減らしながら徐々に注ぎ、5〜6回に分けて抽出する。

8

どの杯数でも、2分30秒で抽出する。このため、杯数によって湯を注ぐ量で調整する。

9

抽出量が落ちた時点でドリッパーを外し、サーバー内のコーヒーの濃度を整えてからカップに注ぐ。

蒸らしを2度に分けて行うことで、深煎りの豆の個性を引き出す

20歳の時に老舗喫茶店で働きコーヒーに開眼。2014年ジャパンハンドドリップチャンピオンシップ九州ブロック1位。

2015年7月、福岡市内の住宅地にひっそりとオープンした自家焙煎珈琲専門店。

6種類の抽出器具と、産地や品種はもちろん、焙煎度が異なる約16種類のスペシャルティコーヒーを使い分け、お客の好みに合わせた1杯を提供することをモットーに掲げる。

「エチオピア　イルガチェフG1」は、HARIO V60を使い、蒸らしを2度に分けて行う点が特徴。1湯目は中心部のみ、2湯目で外側を蒸らしていく。

蒸らしを充分に行うことで、深煎りならではの個性を引き出す。

The Brewers Labo Fusuku Coffee

店主・賦句《ふくす》孝司

【エチオピア イルガチェフG1 ナチュラル(深煎り)】

シティローストとフルシティローストの中間くらいに焙煎。フルーティーな飲み口と、深煎りならではの豊かな甘みとコクを兼ね備えた、バランスの良い味わい。

COFFEE BEANS

エチオピア イルガチェフ
G1 ナチュラル
(深煎り)
店内は500円(税込)

◉抽出データ(1杯取り)
[豆の量]20g
[挽き具合]細挽き
[ミル]BONMAC BM-860
[湯温]85～87℃
[抽出時間]計測していない
[抽出量]200cc

【HARIO V60】

同店では、同じV60でもクロム、銅メッキ、ステンレスメッキの3種を用意。深煎りの場合、雑味はもちろん、苦みが出すぎないよう手早く抽出するが、熱伝導率の良い銅メッキを使うことで、豆の持つうま味、香りをしっかりと引き出す。また内側のリブがスパイフルリブとなっており、注湯すると渦を巻いて落ち、またペーパーとドリッパーの密着を防ぎ、すき間からガスが抜け、ネルドリップに近い味わいのコーヒーを淹れることができる。

住所=福岡県福岡市中央区谷1-12-30
電話=090-1198-2842
URL=http://fusukucoffee.jp/
営業時間=7:00～18:00
定休日=水曜日

準備 PREPARATION

円すい形ペーパーフィルターを使用。圧着部分を折って、ドリッパーにセットする。湯温は85〜87℃。

抽出 BREW

1

フィルターに挽きたてのコーヒー粉を入れたら、"蒸らしどころ"のくぼみを中央につけ、湯を注ぐ。

2

適量を注湯したら止め、1度目の蒸らしを行う。湯を吸った中心部の豆が膨らんでくる。

3

膨らみがピークを迎えたところで、2湯目を注ぐ。2湯目で、豆全体に湯を行き渡らせる。

4

2度目の蒸らし。フィルター内の豆のが全体に膨らんでくる。膨らみはまだまだ止まらない。

5

3湯目からは均一に。湯が渦を巻いて落ちる、スパイラルリブ付きドリッパーなので、注湯は中央へ。

2種のポットを使い分けて、コーヒーオイルをしっかりと抽出する

同店では、「マンデリンスイートナチュラル」の抽出には、カリタウェーブドリッパー185を使用。気温に左右されるので抽出時間は計測せず、蒸らしも見た目と香りで判断。そして2種類のポットを使い分ける。最初のポットでじっくりコーヒーのうま味を抽出。3湯目以降は別のポットに持ち替えて一気に湯を注ぎ、底に溜まりがちな微粉を巻き上げ、フィルターの目詰まりを解消。香りの余韻、うま味の素となるコーヒーオイルをしっかりと抽出ことができる。

The Brewers Labo Fusuku Coffee
店主・賦句《ふくす》孝司

【マンデリン　ナチュラル(浅煎り)】

焙煎は、シナモンローストとミディアムローストの中間くらい。果肉が残った状態で焙煎することで、温州みかんを思わせる柑橘系の酸味が引き立つ。

COFFEE BEANS

マンデリン
ナチュラル(浅煎り)
店内は500円(税込)

◉抽出データ(1杯取り)
[豆の量]20g
[挽き具合]細挽き
[ミル]BONMAC BM-860
[湯温]83℃
[抽出時間]計測していない
[抽出量]200cc

【カリタウェーブドリッパー185】

ステンレスメタル製。3つ穴ドリッパーなので、すみやかにドリップされ、雑味の少ないコーヒーを淹れることができる。またドリッパーの底が平らなため、偏って注湯してしまっても、粉に湯が均一になじみやすいのも特徴。ドリッパーとの接触面が少ないウェーブフィルターをセットして使用する。

同店では、カリタウェーブドリッパーで抽出する際には、ポットは2種類を使い分ける。蒸らしから2湯目までは、注ぎ口の細い「タカヒロ」の雫シリーズ(写真手前)。3湯目以降は、注ぎ口が太目の「タカヒロ」のスタンダード(同奥)を使う。

住所=福岡県福岡市中央区谷1-12-30
電話=090-1198-2842
URL=http://fusukucoffee.jp/
営業時間=7:00～18:00
定休日=水曜日

準備 PREPARATION

カリタウェーブドリッパー185に、ウェーブフィルターをセットする。湯は83°Cに設定しておく。

抽出 BREW

1 挽きたてのコーヒー粉を入れて注湯する。1湯目は粉全体に湯が行き渡るよう注湯し、蒸らす。

2 粉からガスが抜けた瞬間に、2湯目を注ぐ。見た目と立ち上がる香りで、2湯目の注湯を判断する。

3 粉の中央に極力細く湯を注ぎ、50ccほど抽出したら、ポットを「スタンダード」に代える。

4 「スタンダード」に変えたら、一気に注湯。フィルターの中で湯を対流させるイメージで抽出する。

Kalita Wave Dripper185 カリタウェーブドリッパー185

The Brewers Labo Fusuku Coffee

イタリアンの調理師時代にコーヒーに興味を持つ。退職後は飲み歩きほかコーヒーの勉強を続け2016年に開業。

太目の湯で、スピード感ある抽出を行い、コーヒーの個性を引き出す

「当たり前のように飲めるコーヒーが、美味しい」を目指し、
豆の品質は高いものを使いながら、敷居を高くしない雰囲気でコーヒーを楽しませる同店。
オーナーの茅原《ちはら》さんは、使い慣れた円すい形ドリッパーでカフェを営業するに当たって、
ドリッパーもお洒落にしたいと考え、KINTOのドリッパーを選択した。
「すっきりした、飲みやすいコーヒー」を目指し、蒸し時間以降は太目の湯で
スピード感のある抽出を行ってコーヒーの個性を引き出す。

HIBI COFFEE KYOTO
茅原敬憲

【ケニア シングルオリジン】

ラズベリーや赤ワイン、アプリコットなどの熟したフルーツの香りが特徴。コーヒーは450円からで、同店の豆と抽出法では2杯取りが美味しかったので、1人分はたっぷりと2杯分を注いでいる。

COFFEE BEANS

ケニア シングルオリジン
500円（税込）

◉抽出データ（1杯分）
［豆の量］（2杯取り）：16g
［挽き具合］中挽き
［ミル］カリタ ナイスカットミル
［湯温］98℃
［抽出時間］1分10秒
［抽出量］350〜360cc

【KINTOスローコーヒースタイル
カラフェセット プラスチック】

「スローでリラックスした空間にふさわしい」コーヒー器具をテーマに作られたKINTOの製品。ドリッパーとコーヒーサーバーがセットになったもので、やわらかなフォルムが特徴。ラインナップにはステンレスフィルターもあるが、茅原さんは「微粉やコーヒーオイルが好きではなかった」ことから、それが出にくいあえてプラスチック製を使用している。

住所=京都府京都市下京区七条通河原町
東入材木町460
電話=075-276-3526
URL=http://hibicoffee.strikingly.com/
営業時間=8:00～19:00
定休日=火曜日、不定休

準備 PREPARATION

ドリッパーは円すい形だが、美味しいコーヒーを気軽に飲んでほしいというコンセプトを抽出作業でも表現するため、ペーパーフィルターは一般消費者が最も入手しやすい台形のものをあえて使い、ドリッパーの利用法を提案。

オーダーごとに台形のペーパーフィルターを、円すい形のドリッパーに合わせて折って使用。

ドリッパーにセット。見た目には、形が少し不格好だが、抽出作業や抽出されたコーヒーの味には支障がない。興味のあるお客には、こうした使い方もできることを話したりする。

抽出 BREW

1

挽いた豆をフィルターに入れる。豆は中挽き。粗いと早く出すぎ、細かいと雑味が出てくるため。

2

均等にならした豆の中央部から、全体にまんべんなく湯が回るように注ぐ。膨らんで落ち着くまで、20秒ほど蒸らす。

3

スペシャルティコーヒーで水分の多い豆は湯がなかなか入らないので、途中でかき混ぜて粉に吸水させる。

4

基本2杯取り。1杯立てよりも美味しかったから。2人で来たら、サーバー2つを使って抽出する。2湯目は中央部から「の」の字を描くように注ぐ。

5

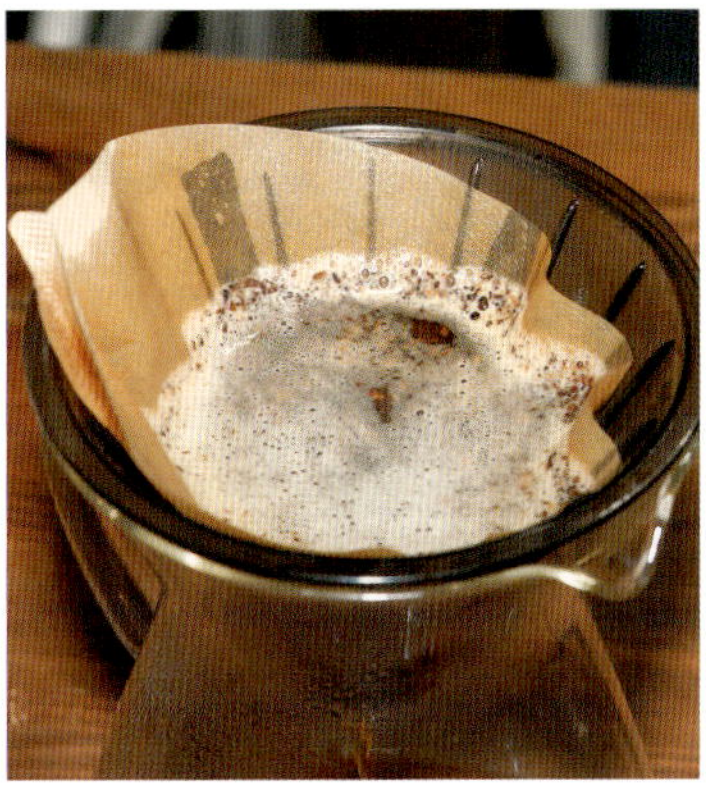

ドリッパーの縁の2㎝ほど下まで湯を入れたら注湯を止め、抽出量の半量になるまで来るまで待つ。

6

半分まで来たら、後はスピードを速めて抽出。湯をやや太めにして、「じゃーっと注ぐ感じ」（茅原さん）で注ぐ。

7

豆によっては、水分量が多く途中で粉と湯が分離するため、スプーンで混ぜて吸水させる。

8

抽出量に達したら、後は雑味が出てくるので、湯が溜まっていてもドリッパーを外し、カップに注ぐ。

豆の品質を維持しながら、味ブレを防ぐ細挽きで早めの抽出法

老舗焙煎会社で修業後、清澄白河で焙煎店開業に関わる。2013年「アライズコーヒーロースターズ」、翌年カフェ部門『エンタングル』を開業。

老舗と話題店で焙煎の仕事に携わってきた「アライズコーヒー」代表の林さん。そのカフェ部門の『エンタングル』では、5～12種類の個性の違う豆を楽しませる。コーヒーは高品質の味わいを気軽に楽しませたいと、あえて紙コップで提供。豆売りが主力なので、家庭でも気軽に抽出が再現できるよう、ペーパードリップにはドーナツドリッパーを使う。混雑時もお客を待たせないように、たっぷりの豆を細挽きにして、時間をかけずに落とし、味ブレが少ない抽出法を採用する。

ARiSE COFFEE ENTANGLE
代表・林大樹

【ドミニカ・プリンセサ・ワイニー・ナチュラル】

豆は個性がはっきりとしたものを選んで仕入れており、焙煎は一爆ぜに程度に抑えた浅めにして、豆の果実味を活かしている。ドミニカ・プリンセサ・ワイニーナチュラルは、文字通り赤ワイン風の香り。

COFFEE BEANS

ドミニカ・プリンセサ・ワイニー・ナチュラル
520円（税込）

◉抽出データ（1杯分）
［豆の量］23～27g
［挽き具合］細挽き
［ミル］ditting
［湯温］92℃
［抽出時間］1分強
［抽出量］250cc

【ドーナツドリッパー】

2006年秋発売の、ユニークな形の磁器製(美濃焼き)ドリッパー。しっかりと濃いが、重くないすっきりした飲み心地のコーヒーを淹れやすいドリッパー。コーヒーの粉の量は同じでも、ドリッパーの中で1滴の湯とコーヒー粉1粒1粒の接する時間を減らし、湯が接するコーヒー粒の個数を増やしたかったので、円すい台形(カップの形)となった。元々は深煎りを効率的に淹れたいと開発されたが、同店では浅煎りでもコーヒーの持ち味を活かした抽出を行っている。

コーヒーの抽出スピードをコーヒー粒とペーパーに任せ、自然な状態で抽出できるようにと、出口穴を開放。壁面をつたい流れるお湯をペーパーの中へ押し戻す効果を期待して、壁面には段差を設けた。

住所=東京都江東区清澄3-1-3
電話=03-5875-8834
URL=https://goodcoffee.me/coffeeshop/arise-coffee-entangle/
営業時間=9:30～18:00
定休日=月曜日不定休

準備 PREPARATION

ペーパーフィルターはケナフ製のもの。ドリッパーの形に合わせて、台形で4〜6人用を折って使う。圧着部分は折らず、まず底の部分を斜めに折りたたむ。

続いて、折りたたんだ部分が外側に来るようにして、ドリッパーの形に合わせて折り目をつけ、そのまま開いて折り目が正面に来るようドリッパーにセットする。

湯を準備。細挽きにして時間をかけずに抽出するため、湯温は92℃ほどに設定している。

抽出 BREW

1

細かめに挽いた豆を、フィルターに入れる。粉を入れたら、軽く振って粉の表面を平らにならす。

2

粉の中央部分から、円を描くようにして全体に湯を回しかけたら、注湯を止めて蒸らしを行う。蒸らしの時間は、焙煎から経った時間によって変える。

3

焙煎からあまり時間が経っていなければ、蒸らし時間は50秒ほど。時間が経っているものは30秒ほど。

4

紙コップに抽出されたコーヒーがぽたっと落ちてきたら、2湯目の注湯の相図。

5

豆がお湯を吸って膨れたら、湯を注いで行く。中央部からその外側を広げるように、「の」の字を描くように注いで行く。

6

ドリッパーの縁から1～1.5㎝くらいになったら、注湯を止める。この湯量を保つように注湯する。

7

ドリッパーの縁から1～1.5㎝ほどまで注いだら注湯を止め、その位置をキープするように注湯する。抽出量は豆1に対して10。目指す量が抽出されたらドリッパーを外す。ここまでで1分強と抽出時間は早い。

COFFEE BEANS

エチオピア・イルガチェフェ・
コンガ・ナチュラル
450円（税込）

◉抽出データ（1杯分）
［豆の量］（1杯取り）：30g
［挽き具合］細挽き
［ミル］ditting
［湯温］92℃
［抽出時間］1分強
［抽出量］250cc

【エチオピア・イルガチェフェ・コンガ・ナチュラル】

フルーティーな味わいが特徴のコーヒー。ドーナツドリッパーはアイスにも向くので、シングルオリジンでもオーダーによりアイスで提供。サーバーになみなみと氷を入れ、濃いめに抽出したコーヒーを急冷する。

準備 PREPARATION

ホットの時と同様に、ペーパーフィルターを折ってドーナッツドリッパーにセットする。

抽出 BREW

1 ドリッパーの下に、なみなみと氷を入れたサーバーをセットする。この氷でコーヒーを急冷する。

2 豆を細引きにしてペーパーフィルターに入れ、ドリッパー軽く振って平らにならす。

3

蒸らしのための注湯。粉の中央部分から、円を描くようにして粉全体に丁寧に湯を回しかける。

4

蒸らし時間は50秒ほど。時間が経っているものは30秒ほど。下からコーヒーが垂れてきたら、蒸らしは終了。

5

ホットの時と同様に、中央部からその外側を広げるように、「の」の字を描くように湯を注いで行く。

6

ドリッパーの縁からの水位を1～1.5㎝に保ちながら、注湯を続けて抽出する。抽出時間は1分強だが、アイスなので、さらに少し短めになる。

7

氷の溶ける分も加味した抽出量になったら、ドリッパーを外して終了。かき混ぜて急冷する。

8

充分に冷えたら、新しい氷を入れたプラスチック容器にコーヒーを移して提供する。

ペーパードリップ

ペーパードリッパーの機能を、
ネルドリップにより近づけるにはどうすればいいか…という視点で独自に開発されたのが、
ペーパーフィルターを細いワイヤーだけで 支えるユニークな形のドリッパー。
その抽出理論も、詳しく解説する。

- ●フレームドリッパー『自家焙煎珈琲豆 Honey Beans』
- ●Mt. FUJI DRIPPER『IFNi Roasting & Co.』
- ●松屋式オリジナル金枠（5人用）『松屋コーヒー 本店』
- ●松屋式オリジナル金枠（3人用）『フレーバーコーヒー』

(WIRE TYPE)

ネルの風味、高い抽出効率を実現する「枠」だけのドリッパー

羽入田さんは、スペシャルティコーヒー専門店を2010年に開業。独自のフレームドリッパーは2013年に発売。

抽出効率とクリアな味わいを求めて羽生田さんが開発したのが、最小限のリブでペーパーを押さえる「フレームドリッパー」。構造上の特徴としてフィルターを支えるのが壁面ではなくステンレスワイヤーなので、湯を含んだペーパーは外側に膨れ、粉と湯の距離を保てる。淹れ方は自由だが、ネルと同様に中心に点滴で注湯し、蒸らし無しでの抽出がお勧め。基本的に豆を選ばないが、深めの焙煎が最もよく合う。飲み応えがあるが、非常にクリアなコーヒーになる。

自家焙煎珈琲豆 Honey Beans

羽入田信一郎

【本日のハンドドリップコーヒー】※テイクアウトのみ

コロンビアの最高級品で、在来種ティピカ100%。マイルドな中にもしっかりとした香り、味わいが楽しめる。JASオーガニック認証生豆。写真は「コロンビア　ナブシマケ」は、豆売り200g1200円(税込)。

COFFEE BEANS

本日のハンドドリップコーヒー(豆はコロンビア ナブシマケ)※テイクアウトのみ
350円(税込)

◉抽出データ(1杯分)
[豆の量]20g
[挽き具合]中粗挽き
[ミル]フジローヤル
[湯温]83℃
[抽出時間]約4分
[抽出量]300cc

【フレームドリッパー】

円すい形ドリッパーとネルドリップとのいいところ取りはできないかと、羽入田さんが知人エンジニアと一緒に開発。2013年に発売した、壁面のない「枠（フレーム）」だけのドリッパー。「抽出効率を高く、味はクリアに出せる、が狙い」と羽入田さん。材質はステンレス。最小限のリブ（枠）でペーパーを支えるために、ワイヤーの太さ、脚の本数も計算して設計している。手持ち部分は、手に馴染む太さのワイヤーを使用。「SD-02」はサーバーに合わせて脚の角度は変えられるが、アルゴン溶接なので簡単に取れたりしない。

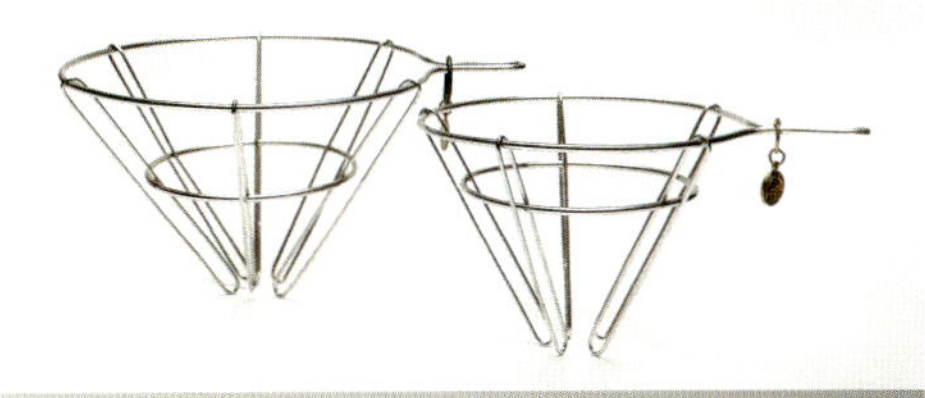

2013年の発売と同時に、3タイプを発売。使用した「SD-02」（写真上右）は、サーバーに置いて抽出するタイプ。「CM-02、03」（同上左）は、ケメックスなどのサーバーに入れても使える。「SD-02」は、脚の部分は手で角度を変えられる。大は6杯取り用、小は4杯取り用。

住所=東京都豊島区巣鴨3-22-5 プラザ双葉102
電話=03-5944-5975
URL=https://www.honeybeans.sugamo.com
営業時間=12:00〜20:00
（土曜日、日曜日は11:00〜19:00）
定休日=火曜日、その他1日不定休

準備 PREPARATION

ペーパーフィルターは、円すい形タイプを使用する。店では、一般に購入しやすい基本的にはハリオの製品を使用しているが、特にカフェグッズの「コットンパワーフィルター」だと、よりやさしい味わいのコーヒーが抽出できる。

圧着部分をしっかりと折り畳んだら、折った部分を中央にして一度フィルターを開き、両端を軽く押さえて円すい形が崩れないようにする。さらに、ドリッパーに入れやすいよう、底になる部分を軽くつまむ。

抽出 BREW

1

ドリッパーにペーパーフィルターを真っすぐにセットしたら、挽いたコーヒーの粉を入れる。

2

フレーム部分を指先で軽くたたいて、コーヒー粉を平らにならす。サーバーの上にセットする。

3

粉の中央に、お湯を点滴に近いくらい細くして、5秒くらいずつ3〜4回に分けて注湯していく。蒸らしの時間は取らない。

4

最初の1滴が出たら、湯の細さは同じに保ったまま、すぐに小さな「の」の字を描くように、少しずつ注湯していく。

5

抽出したい量の半分まで出たら、あとは湯で薄めるイメージ。ポットからの湯をやや太くして、スピードを上げて注湯し抽出する。

6

ネルドリップのように、ドリッパーを手で持って角度をつけながら注湯することもできる。

フレームは、リブとしてコーヒー液を下部にまで導くため、抽出効率がいい。また壁面はステンレスワイヤーなので、注湯後にフィルターは外側に膨れ、粉が均一に湯を吸収。コーヒーはネルドリップ風になる。壁がないので抽出中の余分なガスが抜けやすいのも特徴。

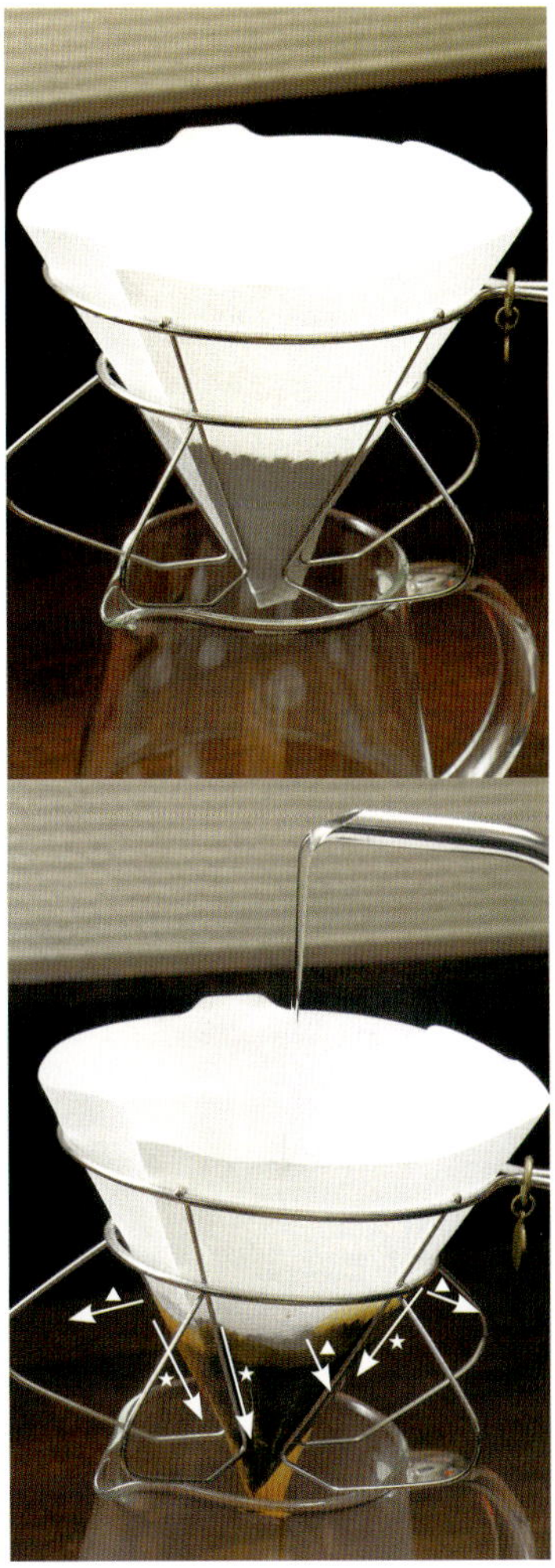

（★印）
フレーム自体がリブの役割を果たし、抽出液を下部に誘導する
（▲印）
フレーム以外の部分は壁がないので、ペーパーフィルターが膨らみ、粉とお湯との距離感を保つ

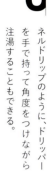

湯溜まり無しの抽出器具と、回さない注湯で、雑味のないコーヒーに

同店代表の松葉正和さん。海外でコーヒーの焙煎の仕事に携わり、2001年に店を開業。2015年に現地に移転。

「ドリップ式は、湯がコーヒー粉を通過することでエキス分を湯に溶け出させる。しかしエキス分が出てしまえば、あとは雑味になる。そこで問題になるのがドリッパー内での湯溜まりで、湯の中で粉が滞留するから、エキス分も雑味も出てしまう。したがって、湯溜まりを作らず、湯の抜けがいいように」とドリッパーを考えた松葉さん。蒸らしで粉を均一に膨らませたら、ガスを中央部の一か所から抜くために、湯を回さないようにして抽出を完了させる。

IFNi《イフニ》 Roasting & Co.

代表・松葉正和

【本日のコーヒー(写真はコロンビア)】

店では謳っていないが、スペシャルティコーヒーの豆を使い、フルシティ寄りのシティローストに焙煎。酸味が無く、甘みとコク、香味とのバランスがいい。試飲の意味も込めて、手軽に飲める価格で提供。

COFFEE BEANS

本日のコーヒー
(写真はコロンビア)
300円(税込)

◉抽出データ(1杯分)
[豆の量]12g
[挽き具合]中挽き
[ミル]ラ・ミネルヴァ
[湯温]85℃
[抽出時間]2分40秒〜3分
[抽出量]150cc

【Mt. FUJI DRIPPER】

ドリッパー内の湯溜まりを無くすために側面の“壁”を無くし、針金で作成したドリッパー。開発当初は松葉さん自身が針金で試作を繰り返し、4年がかりで完成させた。注湯の際、円すい形を保つ補助をする波型の部分が特徴で、伏せて置いた形から、静岡を代表する富士山にちなんで命名。2016年秋に「イルカナ」との共同販売を始めた。

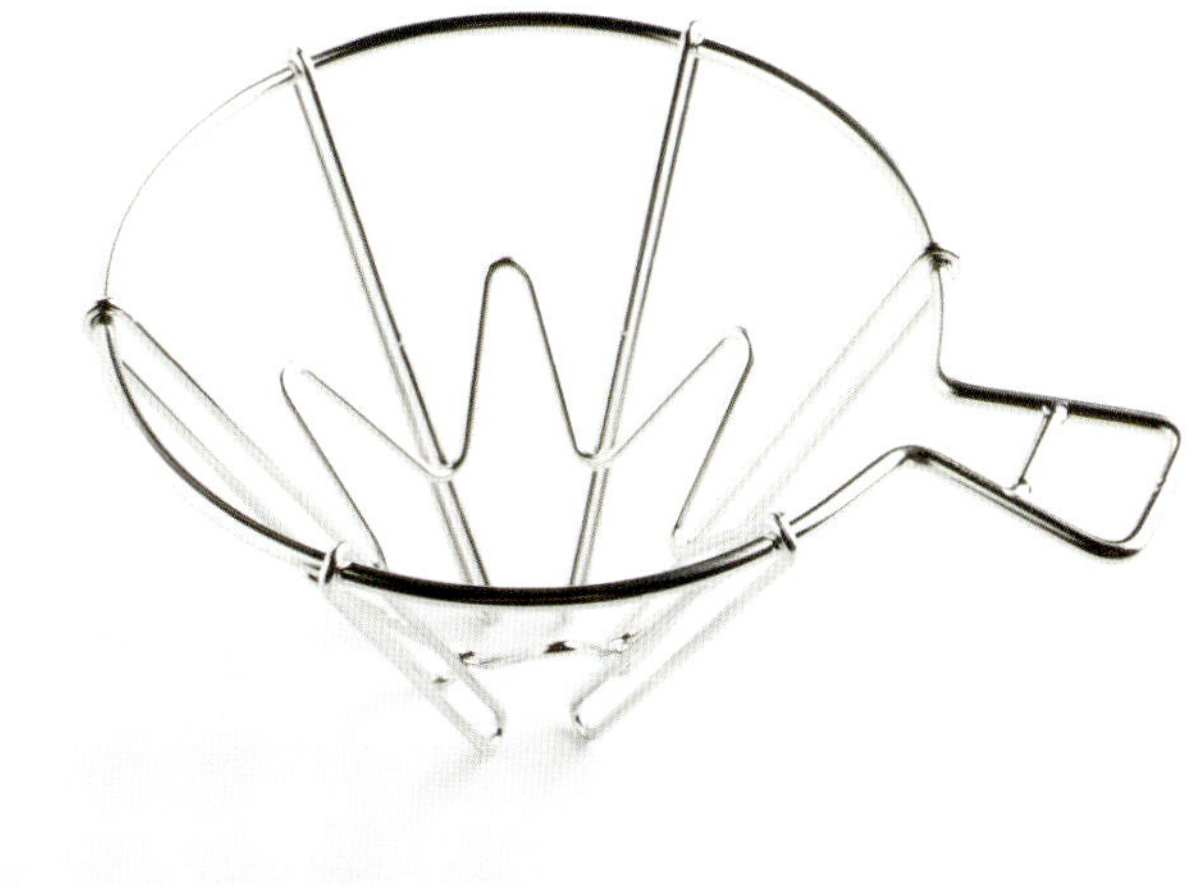

リネン100%の布フィルターも開発。そのまま使うと、ペーパーとネルとの中間のような味わいに、2枚重ねると、ネルのような味わいが出せる。速乾性もある。

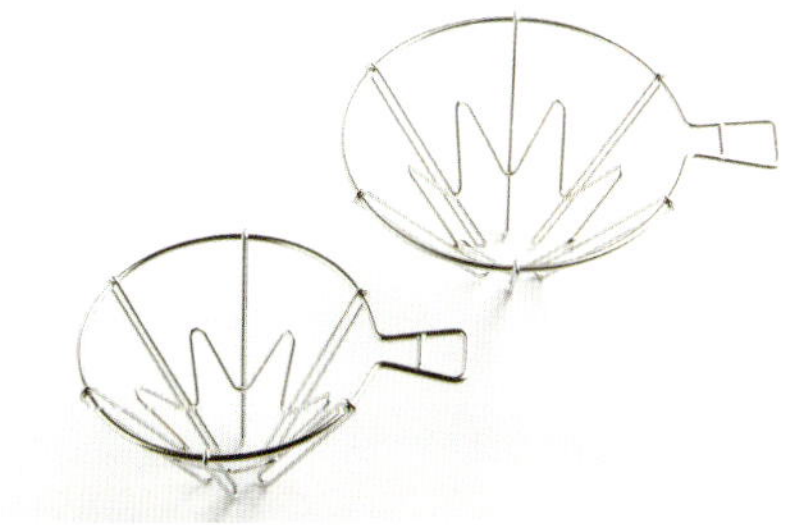

1杯で～4杯用の「レギュラー」と、4～8杯用の「ラージ」の2種類を用意。ドリッパーの傾斜角度は、汎用の円すい形ペーパーフィルターに合わせた。

住所=静岡県静岡市葵区水道町125
電話=054-255-0122
URL=https://www.ifni-roastingandco.com/
営業時間=12:00～18:00
定休日=水曜日

準備 PREPARATION

ペーパーフィルターは、一般的によく売られている円すい形のものを使用する。まず、圧着部分をしっかりと折る。

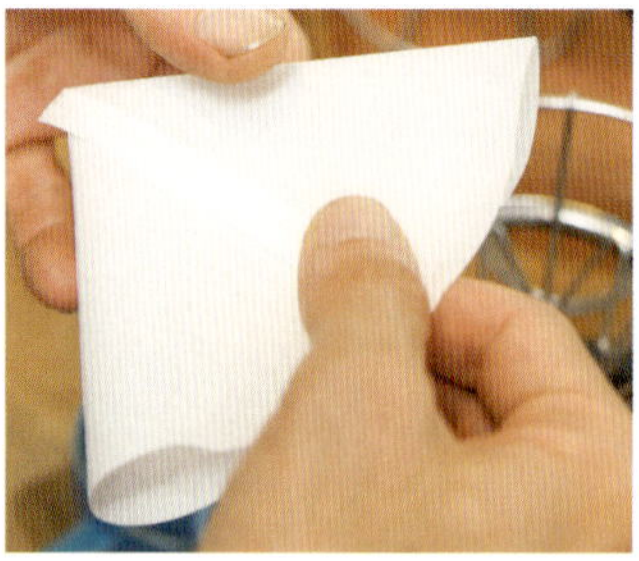

次に折った部分を中央にして開き、円すい形を保つように、両側に軽く折り目をつける。

円すい形からはみ出た部分をカット。最初に垂れてくる1滴が、はみ出た部分を伝ってタイミングがずれるのを防ぐため。

はみ出た部分のカットまで下準備しておき、オーダーごとにドリッパーにセットして、抽出の準備完了。

抽出 BREW

1

ミルで豆を挽いて、ドリッパーに入れる。ドリッパーの枠を軽くたたいて、豆の表面を平らにならす。単純だが、粉に均一に湯を回し、豆の層を崩さないための基本作業。

2

沸騰した湯を、コーヒーポットに移す。このことで、湯温を抽出に適正な温度に下げる。

3

蒸らしのための注湯。この作業は点滴で落とす。湯を落とす位置は、最後まで粉の中心部。

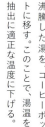

4

ドリッパーの壁がないため、粉が均一に湯を吸って均等に膨らむ。湯の回りが見えるので、取っ手を持ってドリッパーを傾けながら、粉全体に湯を回す。

5

粉が膨らみ切る直前で注湯を止めるのは、膨らみ切ってしまうと表面全体からガスが抜け、中央部分からの抜けが悪くなるから。注湯を中央部分だけに限るのも、同じ理由。

6

蒸らして、フィルターの下から抽出された最初の液体が垂れてきたら、すぐに2回目の注湯を始める。湯は常に、中央部分に10円玉の大きさ以内の範囲で注湯する。

7

ドリッパーの壁面があるより、ストレス無く、コーヒーのエキス分が落ちてくる。

8

蒸らしの後は、太いお湯をゆっくりと、中央部分に注ぎ入れて行く。コーヒー内部のエキス分を、適正に湯に溶かし込むことができるかどうかが重要と考えている。

9

湯は、粉に落ちるとコーヒー粉1粒1粒の表面を伝わって拡散していき、引力に従って下に落ちていく。粉の層が崩れると湯溜まりができ、雑味の原因になる。

10

粉の層を崩さず、ガスの抜けを中央部だけにすることで、湯溜まりができず、コーヒーのエキス分が湯に溶け出る。このため湯は回し入れず、10円玉大の内側に注湯する。

11

表面が割れないよう注意しながら湯を注ぎ、膨らみが割れそうになったら注湯を止める。そして下から出るコーヒー液が止まりそうになったら、再び注湯する。

12

数度に分けて注湯し、抽出量になったら、サーバーを外す。抽出後のフィルターを見ても、中央部に10円玉大の大きさで注湯していることが分かる。

13

最後に、温めておいたスプーンで混ぜて、サーバー内の上下の濃度を均一にしてから、カップに注ぐ。

おいしい成分抽出の理論に即した抽出を金枠と糸縫いペーパーフィルターで

明治42年創業の株式会社松屋コーヒー本店。先代の松下真社長が松屋式ドリップ法と専用器具、専用ペーパーを考案した。

昭和37年頃に考案された松屋式ドリップ法。
コーヒーの粉の中に含まれている炭酸ガスをきちんと出す専用金枠と
コーヒーの粉の膨らみに対応できる糸縫いのペーパーフィルターを使う、
コーヒーのおいしい成分だけを効率よく抽出する理屈に基づいた抽出法だ。

松屋コーヒー 本店
代表取締役会長 松下和義

【パナマ エスメラルダ ゲイシャ】

2016年のオークションロット。豆売りでは50g・1750円で販売。フローラルなアロマ、柑橘系のフレーバー、爽やかで明るい酸味、スッキリした甘みが絶品。

COFFEE BEANS

パナマ エスメラルダ
ゲイシャ
豆売りで50g・1750円

◉抽出データ(5人前)
[豆の量]60g
[挽き具合]粗挽き
[ミル]マールクーニック
[湯温]90℃〜95℃
[抽出時間]5分
[抽出量]325㎖
[総量]650㎖

【松屋式オリジナル金枠】

多くのドリッパーは、ペーパーフィルターのまわりを陶器、プラスチック等でべったりと覆う形になる。ぴったり密着しないように突起や窪みの模様が付けられるが、側面から蒸気が抜けなくてドリッパーの中に注いだ湯がたまりやすい。お湯がたまる=コーヒーが湯に浸かると、粉の中の温度が高くなり、コーヒーの粉からおいしい成分以外のものも抽出してしまう。ペーパーフィルターを覆わない金枠でささえ、コーヒーの粉をしっかり蒸らして中のおいしい成分が溶け出しやすい状態にして、上から注ぐ湯が粉の上にたまらないで、下にきれいに抜けさせて抽出するのが、松屋式ドリップ法。

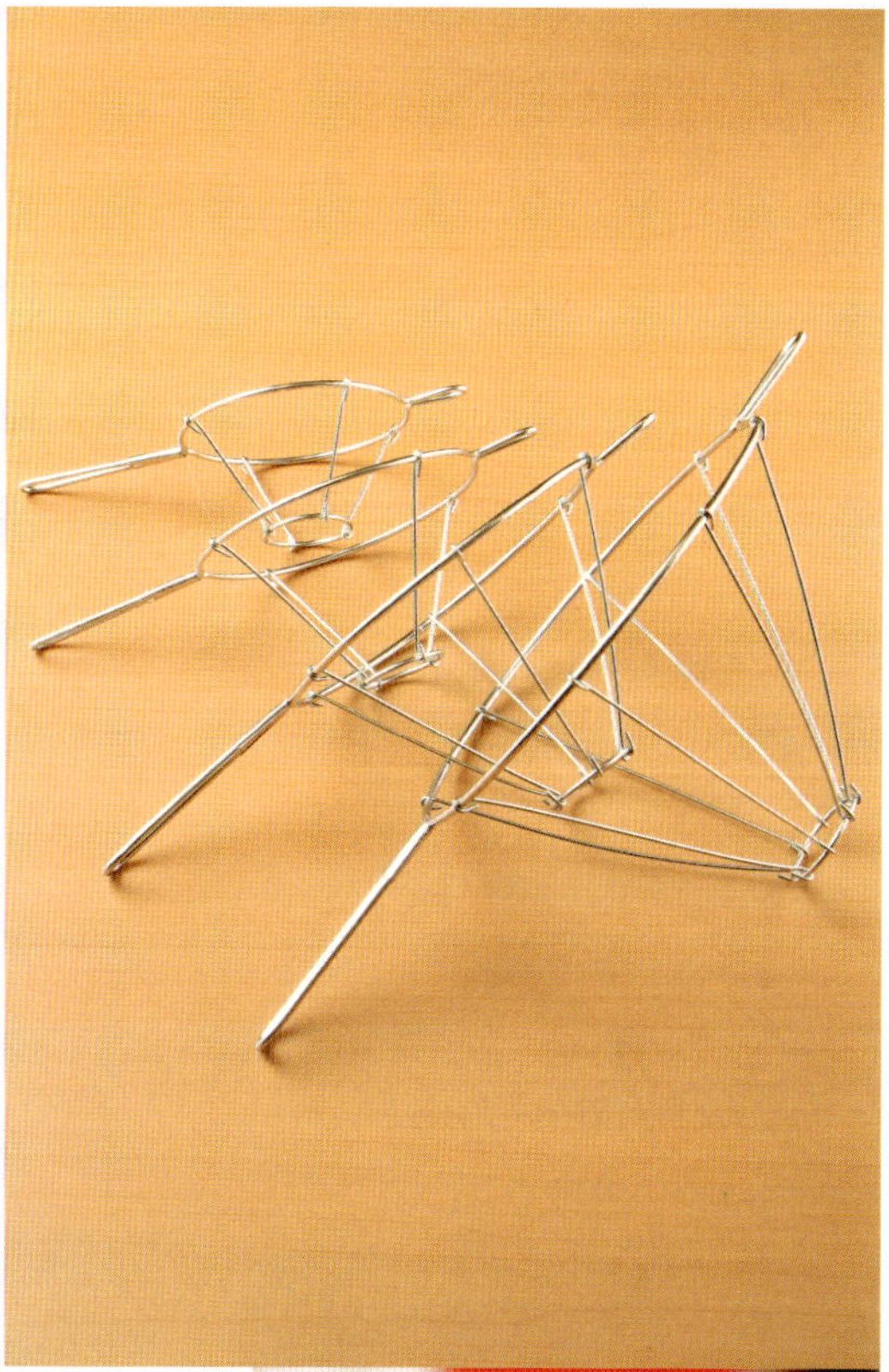

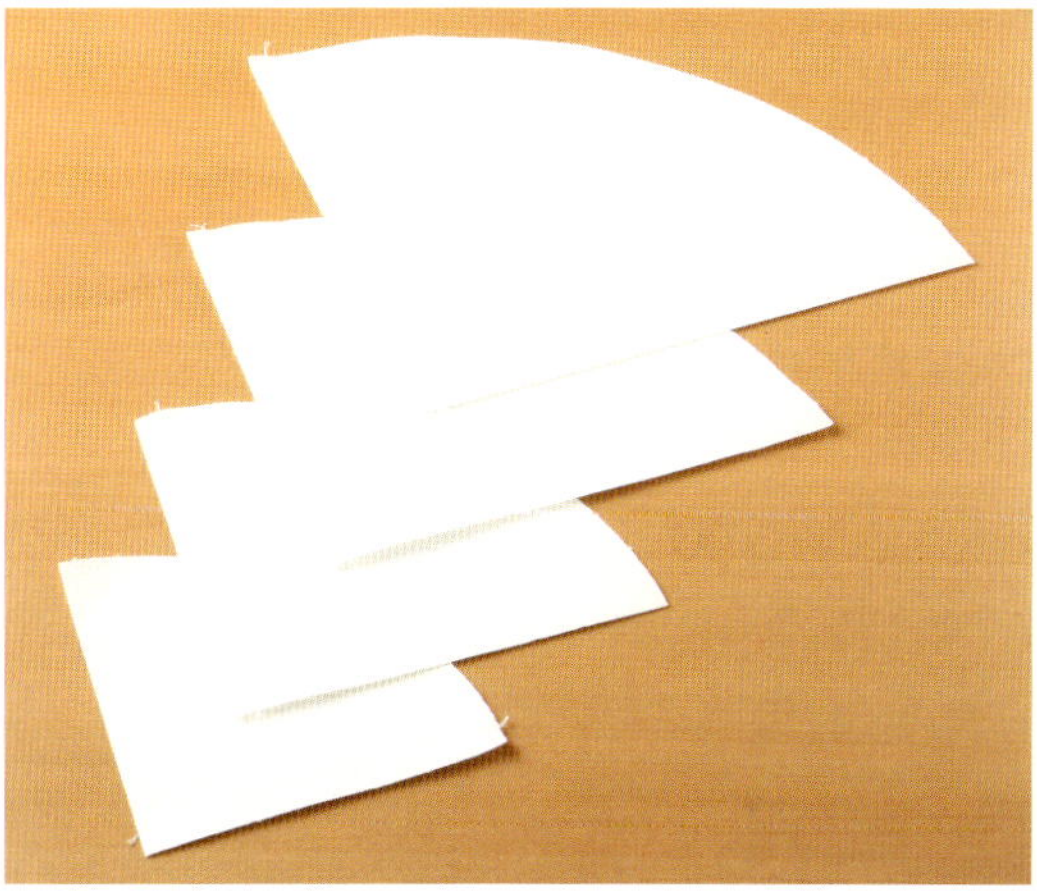

【松屋式ドリップ 専用ペーパーフィルター】

コーヒーの粉に湯をかけると、粉が膨らむ。その膨らみと湯を含んだ重みで糊で圧着したペーパーフィルターははがれる可能性がある。そこで、合わせる部分を糸で縫ったのが、松屋式ドリップ専用ペーパーフィルター。

住所=愛知県名古屋市中区大須3-30-59
電話=052-251-1601
URL=http://www.matsuya-coffee.com/
営業時間=9時～19時30分（ラストオーダー19時）
定休日=年中無休

準備

PREPARATION

抽出道具として、松屋式オリジナル金枠（5人用）と、松屋式ドリップ専用ペーパーフィルター（5杯用）をセット。今回は、温度の変化も見せたいので、ペーパーフィルター内に温度計も刺して抽出する。

今回は、カリタ銅ポット900に温度計をセットした特注品（20520円で販売もしている）で抽出する。

糸縫いして合わせた部分から5㎜ほど余裕のあるところでを折る。続いて、ペーパーフィルターを開いて、抽出中に円すい形を保つよう、円すい形の先端のほうから上端までの半分くらいまで折り目を付けて金枠にセットする。

コーヒー粉は中粗挽き。ペーパーフィルターの側面に粉を持ち上げて窪みを作る。下のイラストのように、一番下の窪みのところのコーヒー粉の厚み、側面のところのコーヒー粉の厚みを同じにするように。厳密には、中央はコーヒー粉が集まって少し厚くなるが、それでもいい。スプーンで穴を掘ると、下に粉を押し込んでしまいがちなので、スプーンの外側で粉を持ち上げるようにして窪みを作る。コーヒー粉の厚みを均等にすることで、湯を均等にかけることができ、しかも、できるだけ少ない湯で粉全体にかけることができる。

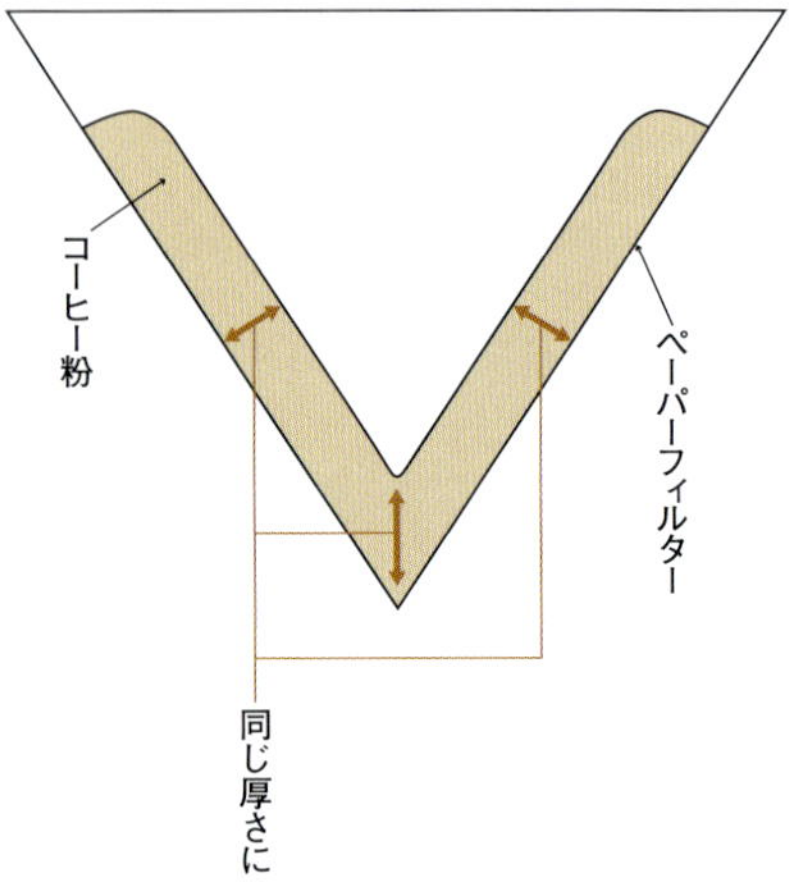

BREW

抽出

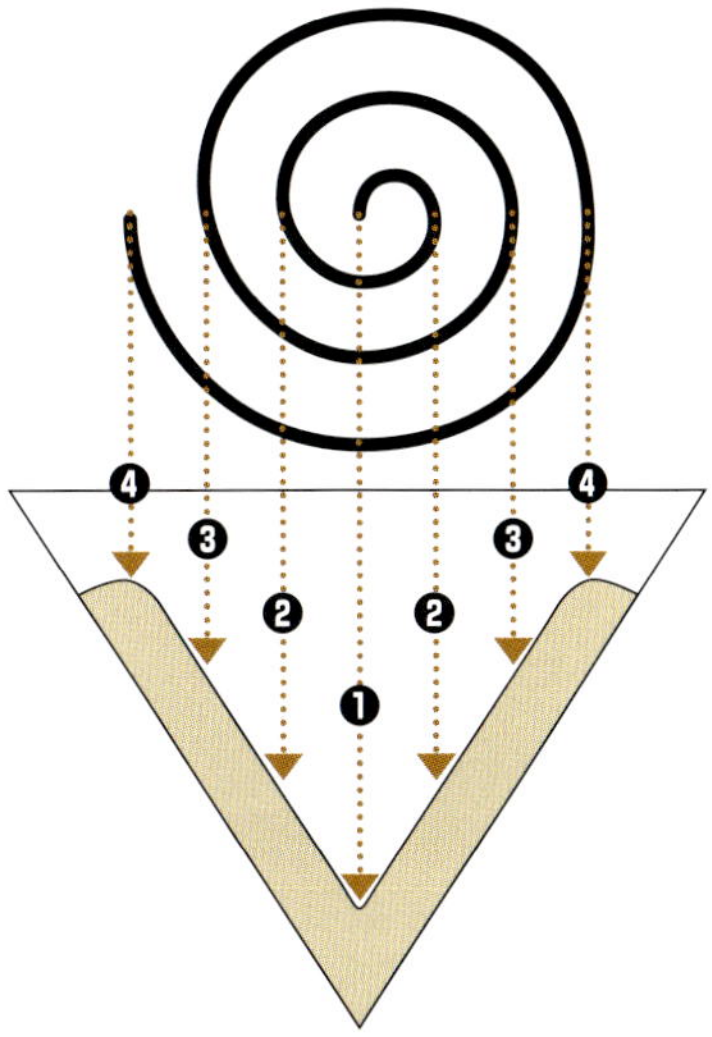

1

最初は、掘ったコーヒー粉の中央から湯をかける。湯の温度は95℃。チョロチョロチョロと湯はかけない。チョロチョロとかけると、粉の下に湯が届く前に表面のコーヒー粉が膨らんできてしまう。ポットの湯口をコーヒー粉の表面の上、30㎝くらいの高さから、お湯の太さも気持ち太めにして勢いよく注ぐ。湯を太く、コーヒー粉の中に刺し込むイメージで注ぐ。

2

中央に湯を注ぎ、粉が膨らみ、フィルターの下からコーヒー液が落ちかけたら、その周り、湯がかかったところと、かかっていないところの境目のひとつ外側に湯をかけていくよう、「の」の字を描きながら注いでいく。コーヒーの粉の厚みだけ湯を中に差し込んで行きながらゆっくりと「の」の字を描くイメージ。

3

ゆっくり、同じ高さから「の」の字を描いて湯を注いでいく。

4

ペーパーフィルターに近い部分のコーヒー粉にも湯をかけたら、湯を注ぐのを止める。フィルター内のコーヒー粉を窪ませないで平らにして湯を注ぐと、フィルターの中央部分は粉が厚いので、中央から湯をかけても万遍なく均等にかけるのが難しく、中央の中のところは湯のかけ残し部分ができやすい。穴を掘らない状態で中まで湯がかかったとしても、その状態のときは、表面に湯が余り、湯のかけ過ぎの状態になる。これは、粉の中の湯の温度が上がり過ぎることになり、雑味も抽出してしまうことにつながる。

5

ひと通り湯をコーヒー粉にかけたら、フタをする。蒸らした蒸気を下に抜くための作業。3分フタをしておく。少ない湯で効率よく粉全体に湯をかけて、下のサーバーに落ちるコーヒー液は、5杯だしの場合で80～１００mlで収まっていれば、良い状態でお湯をかけたことになる。

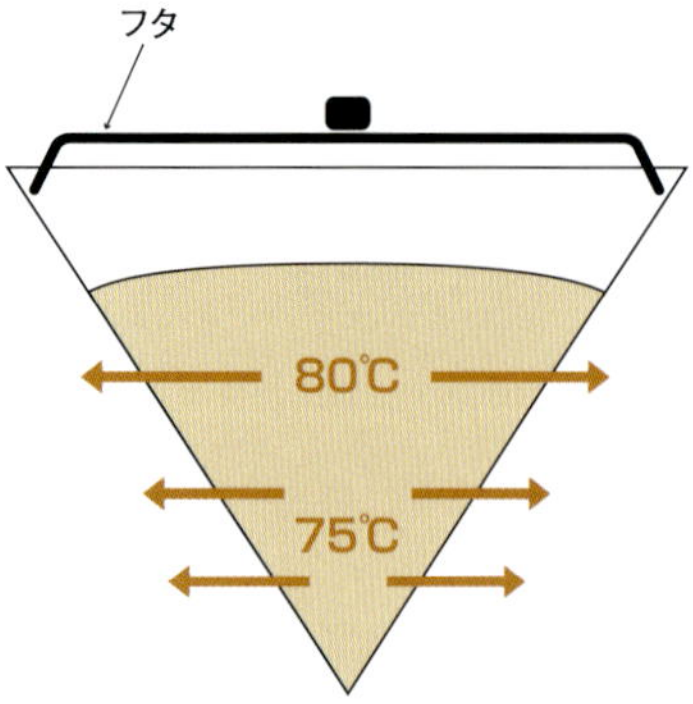

蒸らしているときの粉の中の温度は約75℃ぐらいがいい。蒸気が外に出ることでコーヒーの粉がより蒸れて、コーヒーの粉の中のハニカム構造の側壁に付着しているとされるコーヒーの成分のおいしい部分だけを抽出できる。ペーパーフィルターのまわりを陶器やプラスチックで覆わない松屋式の専用金枠では、理想的な蒸らしができる。

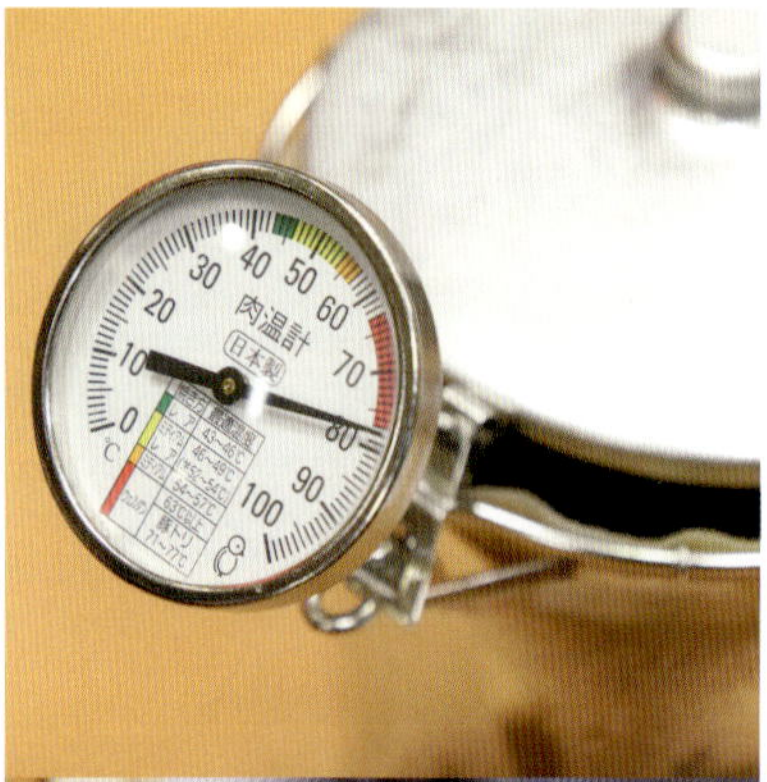

6

蒸らしを終え、2度目に注ぐ湯は、85～90℃くらい。1回目と同じほどの30㎝の高さから、今回は少し細めに中央のやや外側から注いでいく。このとき、フィルターの上に湯がたまらないように、ゆっくり注ぐ。粉の上に湯をのせるイメージで、上から下に湯を通すように注ぐ。

7

2度目の注湯のときに粉から泡が出るのは、まだ炭酸ガスと空気を含んだ粉が残っているということ。最初にフィルター内のコーヒー粉の穴を掘るときに、掘り方が足りなかったか、蒸らす湯の量が足りなかったかが考えられる。

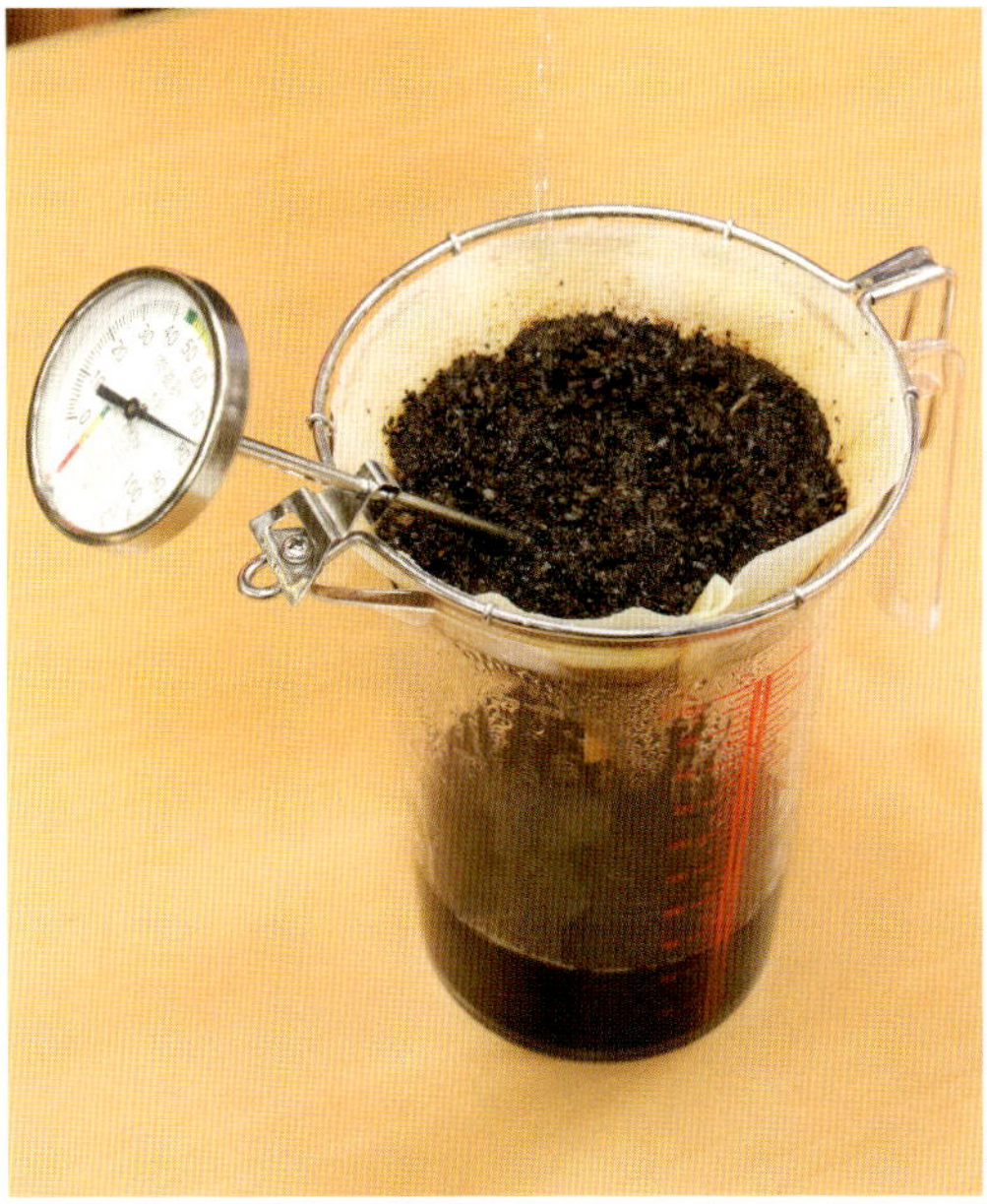

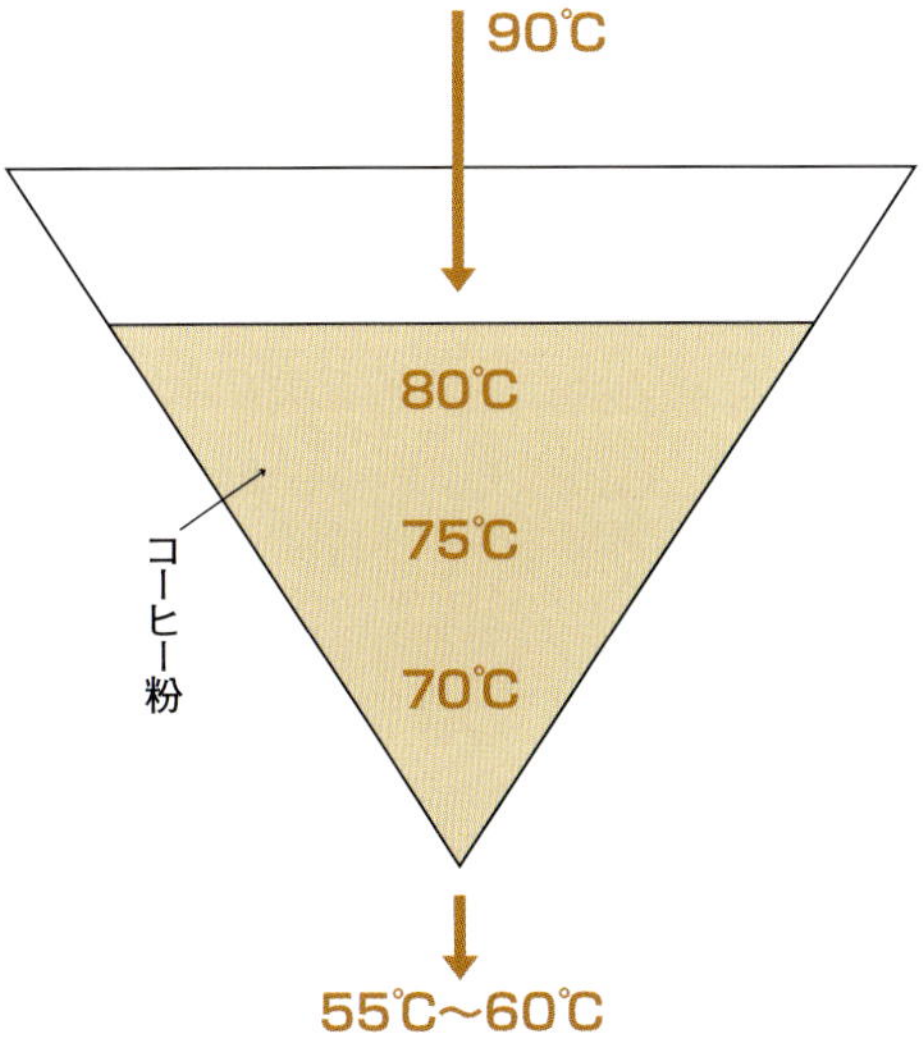

【悪い例】

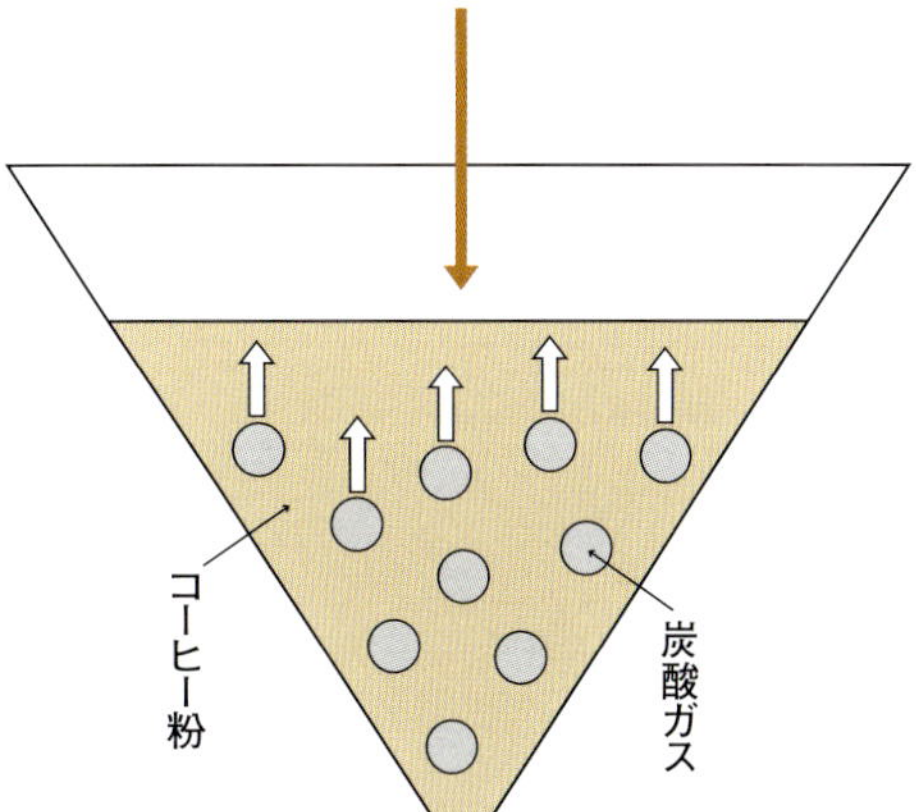

松屋式オリジナル金枠、松屋式専用ペーパーフィルター、フタ、イワキコーヒーサーバー（ブラウン）がセットになった松屋式ドリップセット（5人用）を店で販売中。2798円（税込）

8

5杯だしなら、325mlを抽出して終える。だいたい、抽出したコーヒー液は55〜60℃くらい。これに80℃の湯を325ml足して、計650mlの5杯分にする。でき上ったコーヒーは65〜70℃のおいしさがわかる温度になっている。コーヒーの味のうち、おいしい部分は湯に溶けやすい。苦味・渋み・雑味は湯に溶けにくいので、最初の3分できっちり蒸すことで、5人前の半分を抽出するところで、おいしい部分はほとんど抽出される。残り半分を漉さないことで、抽出の後半で抽出される苦味・渋み・雑味が加わらないので、かえってすっきりした、おいしいコーヒーになるのが、松屋式ドリップの抽出理論。

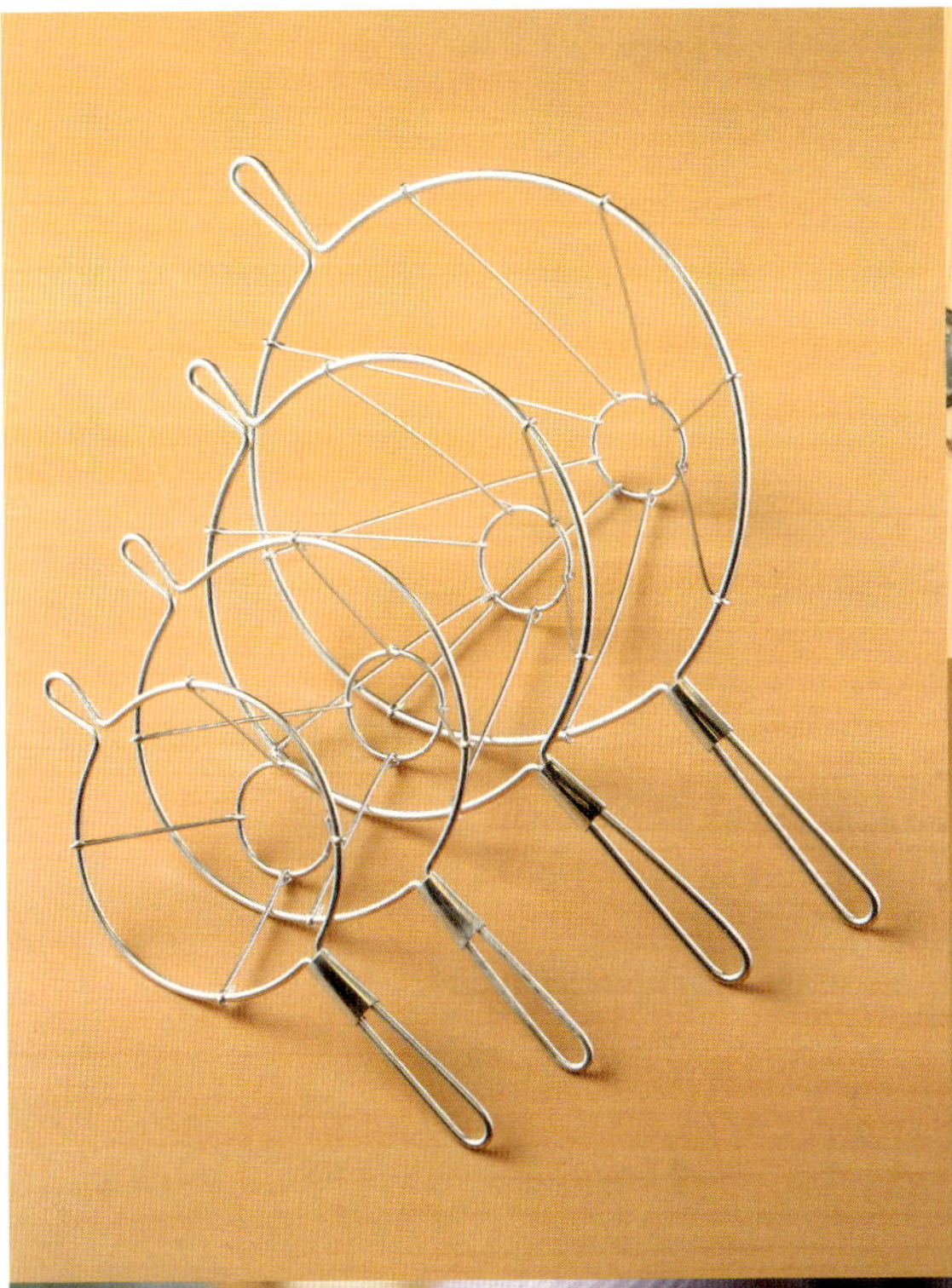

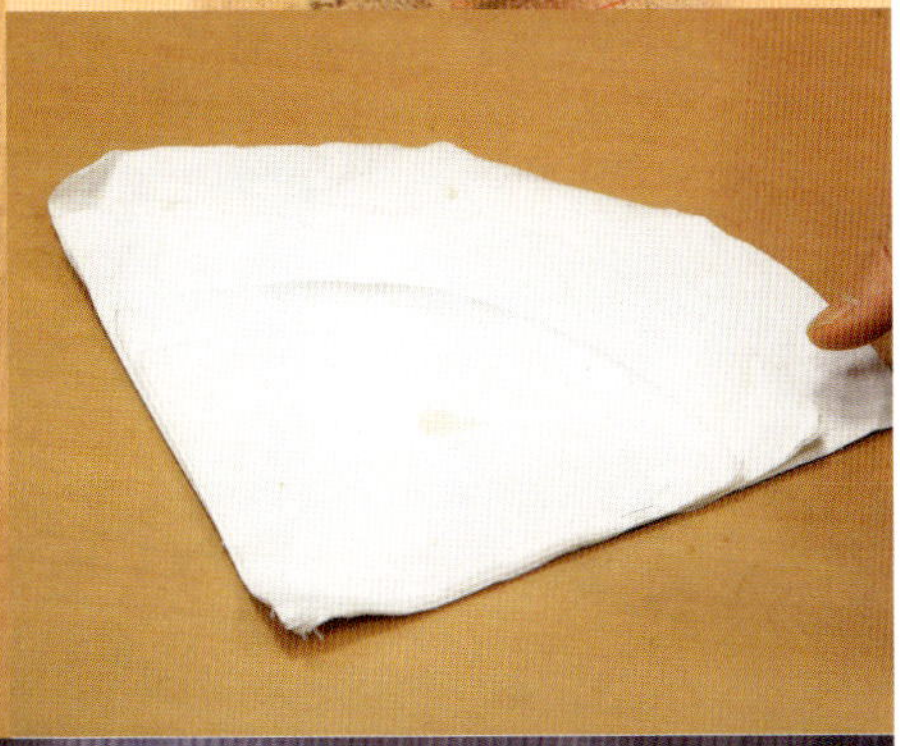

松屋式ドリップ法で、1人前コーヒーをより上手に抽出できる工夫と器具

松屋式ドリップ法のいろいろな角度からの検証とともに、様々なコーヒー器具を発明し、ホームページで紹介している中川正志さん。

自家焙煎コーヒーの小売りを中心に営業をする『フレーバーコーヒー』。そのホームページには、松屋式ドリップ法の深い検証、実験、考察がずらり。さらに、松屋コーヒー本店の先代が発明した「アポロ」という真空抽出器の小型版「アポロくん・ニミ」(P82)や、ペーパーフィルターを使ってオイル感を出して抽出できる「あなあけくん」(P61)など、いろいろなコーヒー器具も発明し、受注で販売もしている。松屋式ドリップ法が苦手とされてきた1人前の抽出に関しても、オリジナルの注湯器を開発して上手にできるようにした。

フレーバーコーヒー
店主 中川正志

【環ブレンド】

ケニアとブラジル、ガテマラ・ティピカのブレンド。抽出したコーヒーからは、ほのかにドライトマトのような香り。チョコレートの後味に感じるまろやかかな酸味、黒糖のようなやさしい甘みとコーヒーらしい良質なやさしい苦味が特徴。

COFFEE BEANS

環ブレンド
豆売りで50g・800円

◉抽出データ(1人前)
[豆の量]20g
[挽き具合]粗中挽き
[湯温]90℃
[抽出時間]6分
[抽出量]湯:90ccで薄め、全量:180cc

松屋式ドリップ法の3人用金枠と専用ペーパーフィルターを使い、1人前のコーヒー粉で抽出しようとする場合、粉の量が少ないので、既製のポットからフィルター内のコーヒー粉に的確に湯を注ぐのが難しい。とくに、コーヒーの粉の中心から湯がかかっていないまわりの境に湯をかけていく、細かい注湯コントロールが大切になる松屋式ドリップ法では、1人前抽出は苦手とされてきた。中川正志さんは、醤油差しだと狙ったところに湯を差しやすいことをヒントに、350ml容量の2重構造タンブラーを改造して注湯用のDrip$(ドリップダラー)を開発。いろいろ試して内径2mmの穴を付けた。Drip$(ドリップダラー)を真横にして使用する。湯を真下のペーパーフィルター内に的確な細さで、ほぼ一定湯量ずつ注ぐことができる。口径が狭い市販のドリップバッグに湯を注ぐ道具としても威力を発揮し、アウトドア用のコーヒー抽出器具として購入する人も多い。

Drip$(ドリップダラー)
一個1500円で販売。

住所=愛知県西尾市永楽町4-21
電話=0563-57-1292
営業時間=10:00～20:00
定休日=火曜日
URL=http://www.flavorcoffee.co.jp

準備

PREPARATION

ペーパーフィルターの閉じの部分を折る。時計回りに湯を注ぐ場合は、左に閉じ部分を追って金枠にセットする。ペーパーフィルターを折ったところが金枠に接する部分は、少し金枠から浮き上がる形になるので、湯を注ぐ向きに合わせて折る。

コーヒー粉20gをペーパーフィルターに入れ、スプーンの外側を利用し、下から上に持ち上げて、ペーパーフィルター内のコーヒー粉の厚みを均一になるようにする。

抽出

BREW

1

ドリップダラーを水平に倒して、注ぎ口からコーヒー粉の中央に注湯をスタート。

2

下からコーヒー液が落ち始めたら、コーヒー粉が濡れていない境に湯を回しかけていく。

5

下からコーヒー液が落ち始めたら、中央に湯を差す。ドリップダラーは横に倒したままで湯を差し抽出する。

6

90ccのコーヒーを抽出したら、終了。ドリップダラーの中の湯を90cc足して180ccにし、よく混ぜて1人前コーヒーの完成。

3

コーヒー粉全体に湯をかけて湿らせたら、フタをして3分蒸らす。フタは、3人用金枠のサイズにちょうどいい、ムースやババロアを作るときのシリコン容器に取っ手を付けて作ったもの。（フタは1個1200で販売）

4

蒸らし終わったら注湯を開始。粉量が少ない1人前抽出では、中央から湯をかけると崩れやすいので、まわりから湯をまわし入れる。

Drip$（ドリップダラー）で ドリップバックコーヒーを抽出

1

カップの上にセットしてコーヒーを抽出するドリップバックも、湯を細く、狙ったところに落としやすいドリップダラーを使うとおいしく抽出できる。80ccをきちんと抽出したいので、目盛りの付いたカップの上で抽出する。

2

ドリップダラーを倒して、ドリップバックの中の粉の中央に湯を落とす。狭い口だが、外枠やペーパーフィルターの部分に湯をかけないで注げる。

3

20cc抽出したら3分蒸らす。ドリップバックでは難しい、きちんとした蒸らしができる。

4

蒸らしたら注湯を開始。ドリップダラーでコーヒー粉の中央に湯を注いていく。

5

80ccを抽出したら終了。ドリップダラーの中の湯を40cc足して120ccにして1人前コーヒーの完成。

エスメラルダ・ゲイシャ25gと、松屋式ドリップ金枠、専用フタ、松屋式ペーパーフィルター、計量カップ、ドリップダラー(350ml用)、「ゲイシャ」の豊かな香りを楽しむのに最適な「香りマグカップ」をセットにした「エスメラルダ・ゲイシャスペシャルセット」(12500円税別)も販売する。

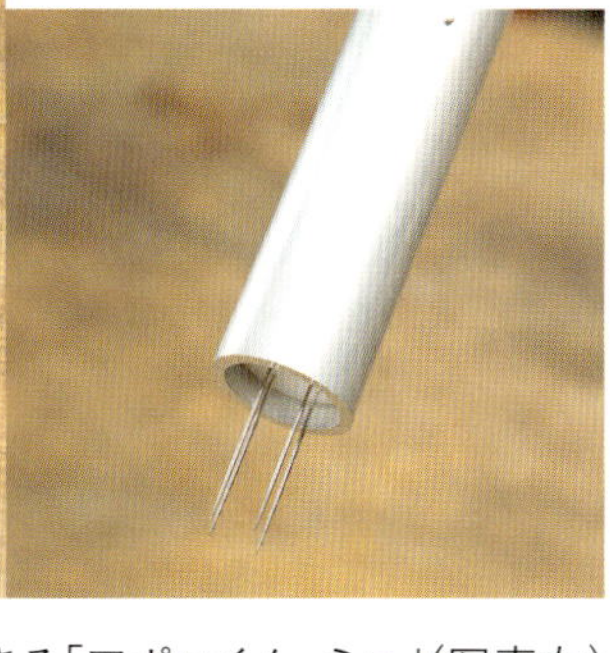

サーバー内を微真空にし、その引き込む力でオイル感のあるコーヒーを抽出できる「アポロくん・ミニ」(写真左)や、厚紙で作ったドリップバックのための抽出用スタンド、ペーパーフィルターに穴を開けてオイル感のあるコーヒーを抽出するための「あなあけくん」など。「あなあけくん」は、いろいろ試し、0.86ミリの穴を等間隔に4か所開けることで、ミルクによく合うオイル感のあるコーヒー抽出をペーパーフィルターでも可能にしたもの。これらの中川正志さんのコーヒー発明品は店で販売もしている。

金属フィルター

フィルター素材として、布でも紙でもない、
金属を用いた専用フィルターで抽出を行うスタイル。
他の手法と異なりコーヒーオイルがフィルターに吸収されないので、
コーヒーの味わいも従来のものと違ったものになる。

●coresゴールドフィルター『丸山珈琲 西麻布店』

●カフェメタル『2F coffee』

●ゴールデンカフェフィルター『café et galarie CRO』

ドリップ

高めの湯で、高品質なコーヒーの良質の成分を引き出す

滋賀県出身。2013年、㈱丸山珈琲に入社。2016年1月『丸山珈琲　西麻布店』店長に就任。

2013年12月にオープンした『丸山珈琲 西麻布店』は、フレンチプレスを基本に、豆に合わせてスチームパンクとゴールドフィルターで抽出するスペシャルティコーヒー専門店。ゴールドフィルターは、やや温度の高い湯を用い、コーヒーオイルがほどよくと抽出されることと、香りと良質な酸味が、より感じられ、口当たりまろやかで心地好いのが特徴。ゆったりとコーヒーを楽しんでもらえるよう、約2杯分で提供する。

丸山珈琲 西麻布店
店長・山代誠也

【イトゥラルデ ティピカ】

ピーチ、ラズベリー、キャラメル。フローラルな風味。なめらかな舌触りと、心地好い甘い余韻。通常はフレンチプレスで出しているが、100円プラスでゴールドフィルターでも楽しめる。

COFFEE BEANS

イトゥラルデ ティピカ
(中煎り)
802円+100円(税別)

◉抽出データ(2杯分)
[豆の量]21g
[挽き具合]中挽き
[ミル]ditting
[湯温]91〜95℃
[抽出時間]2分半〜3分
[抽出量]300cc

【coresゴールドフィルター】

coresゴールドフィルターは、コーヒー機器を取り扱う㈱大石＆アソシエイツの製品で、丸山珈琲が商品開発に協力し、完成させたもの。金属の材質、角度、穴の大きさや形など、様々な試作をしては試飲し、現在の形になった。店では、coresゴールドフィルターを使ったコーヒーは3種類前後を用意する。

ドリッパーは穴の形状によっては湯の抜けが異なる。coresゴールドフィルターの縦型スリットは目詰まりしにくく湯の抜けが良いが、その分コントロールは必要。

住所＝東京都港区西麻布3-13-3
電話＝03-6804-5040
URL＝http://www.maruyamacoffee.com
営業時間＝8:00～21:00
定休日＝無休（元日は休み）

準備 PREPARATION

まず、コーヒーサーバーを温める。やや高温の湯で抽出するが、コーヒーが冷めてしまわないよう温めておく。

サーバーを温めたら、その湯を別容器に移し、スプーンに入れて、スプーンも温めておく。

抽出 BREW

1 好みの焙煎度合いのコーヒーをミルで挽き、フィルターの中に入れる。

2 フィルターの縁を軽くたたいて、粉を平らにする。豆は中挽き。

3 オリジナルのフィルターホルダーごと、サーバーにセットしてドリップスケールにのせる。

4 粉の中央部から、円を描くように湯を注ぐ。1湯目の湯は、豆と同じくらいの20～30cc。

5

注湯を止めて、そのまま40秒ほど蒸らす。湯を粉に回し、コーヒーのエキスが溶け出やすくする。

6

蒸らし時間が終わったら、注湯する。中心から外側に向けて、円を描き、その円を外側に広げるように、表面全体に湯を注いで行く。

7

湯温は最初からやや高め。深煎りは約91℃、中煎りは約95℃と、焙煎度合いによって湯温を変える。

8

2湯目の湯が落ち切る前に、3湯目を注ぐ。細めの湯で、2湯目と同じように中央部に描いた円を徐々に外側に広げるようにして注湯していく。

9

3湯目を止めて、抽出量を見る。ここまでで、抽出量は100〜140ccを目安とする。

10

全体量の約半分くらいまで抽出したら、湯を注ぐペースを上げて、フィルター内のコーヒーを湯の中で躍らせるようなイメージで抽出していく。

11

目指す量を抽出したら、フィルターを外す。抽出時間は2分半～3分。豆の状態や焙煎度合いで変える。

12

抽出したコーヒーは、温めておいたスプーンでかき混ぜて濃度を均一にしてから、カップに注ぐ。

Kalita

コーヒーオイルも愉しませる金属製のドリッパー

スペシャルティコーヒーの魅力にひかれ、カッピングを学ぶ。SCAA/CQI認定Qグレーダー取得。2016年独立開業。

2016年2月開業の『2F coffee』は、厳選したスペシャルティのシングルオリジンを3～4種、ブレンドを2種ラインナップ。店で毎日焼き上げる4～5種のマフィンも人気のカフェ。コーヒーは通常、KONOで淹れるが、金属フィルターのカフェメタルでも抽出する。同フィルターは目が細かくコーヒーがゆっくりと落ちるため、ある程度湯を注いでもペーパー式円すい形ドリッパーにも似た抽出ができる。コーヒーオイルが落ちるので、ペーパーよりもしっかりとした味わいに仕上がる。

2F coffee
植村ケイ子

【新富ブレンド】

エチオピア・イルガチェフェ・ウォッシュトのフローラルな香りと軽やかな酸味、ナチュラルの濃縮したフルーティさ、精製の異なるイルガチェフェをバランスよく配合。コスタリカでやわらかな甘さもプラスしている。

COFFEE BEANS

新富ブレンド
550円（税込）※店内

◉抽出データ（2杯分）
［豆の量］26g
［挽き具合］中挽き
［ミル］富士珈機
［湯温］90℃
［抽出時間］4分くらい
［抽出量］320cc

【カフェメタル】

2016年9月発売。以来、1年間で1万個以上を売り上げている金属ドリッパー。三角形の台と、その台から浮いているような形状もユニーク。エッチング加工で穴を開けた極薄のステンレス板を使っており、それを2枚重ねることで、強度を出している。幅広い層に使えるよう、ペーパードリップと同じ挽き方、同じ淹れ方で抽出できるよう意識した。

穴はエッチング加工で、0.25㎜の丸型。ただし、二重の板を少しずらして重ねているので、穴が少しだけずれていて、実際にはより小さい。1㎝四方に400個の穴が開いている。

使用後はコーヒー粉をゴミ箱に捨て、水洗いするだけ。何回かに1回は、中性洗剤をつけたスポンジでオイル分を落とす。

住所=東京都中央区新富1-19-5
三船ビル2階
電話=080-5091-8998
URL=http://www.2f-coffee.com
営業時間=9:00～19:00(土曜日は
10:00～18:00)
定休日=日曜日・祝日、第2・4土曜日

準備 PREPARATION

抽出したコーヒーが冷めてしまわないよう、コーヒーサーバーは、湯を入れて温めておく。コーヒーサーバーも、マックマーのセットのものを使用。

抽出 BREW

1 カフェメタルに、挽きたてのコーヒー粉を入れる。挽き方は中挽き。

2 ドリッパーの縁を軽くたたき、斜面に散った粉を中央に集める。

3 湯が粉に均等に回るよう、カフェメタルを軽く左右にゆすって、コーヒー粉を平たくならしてから、サーバーにセットする。

4

湯を細くして、粉の中央から小さく円を描くように湯をかける。粉の膨らみ具合を見ながら、少量ずつ湯をかけ、粉全体に浸透させる。

5

湯が入ると粉が湯を吸ってガスを出し、ドーム状に盛り上がってくる。30秒ほどで、下から濃いコーヒーがぽたぽたと落ちてきたら、抽出を始める

6

ポットを粉の表面に近づけ、湯を細くして粉の中央からゆっくりと円を描くように、静かに注いで行く。

7

はじめは少量ずつ、表面のドーム状を崩さないよう、湯を注ぐ。

8

コーヒーのドームが平らになったら、次の湯を注ぐ。ここからは、一度にあまり入れすぎると、中で粉全体が浮いてしまうので、入れすぎないのがポイント。

9

ドリッパーの側面からも抽出液がしみ出す。ペーパードリップのように湯だけが流れ落ちる失敗がない。

10

再びドームが平らになってきたら、徐々に湯の量を増やし、円の大きさも広げて行く。

11

目指す量の半分くらいが抽出できたら、コーヒーのエキス分は充分に出ているので、あとは濃度調整。湯を太くしてドームを崩さないように注いで行く。

12

たっぷり湯が入っていても、勢いよくコーヒーが流れ落ちないので、最後の量の調整がしやすい。

13

目指す抽出量になったら、カフェメタルを外して抽出は終了。最後まで落とし切らないことで、クリーンな味に仕上がる。

抽出されたコーヒーの焙煎が深いほどオイル分は多くなり、表面にはコーヒーオイルの膜が見える。しっかりとした舌触りとなる。

「純金」製フィルターでコーヒーの味をまろやかに抽出する

佐野市の自家焙煎カフェでの修業後、2013年のオープンに伴い同店へ。焙煎と、コーヒー抽出を担当する。

2013年にオープンした、ギャラリー併設の自家焙煎コーヒーが売り物のカフェ。ペーパーフィルターでの抽出を行っているが、プラス300円で全てのコーヒーをゴールデンカフェフィルターで淹れることができる。挽き方・出し方はペーパーと同じだが、ゴールデンカフェフィルターを用いると、金という素材の特性の影響からか、ペーパーでは出せないまろやかさが出せ、コーヒーが苦手という人でもミルク無しで飲めるほど。

café et galerie CRO
黒田泰平

【ブレンドコーヒー】

豆は中煎りにしたコロンビアがベースで、これに深煎りのブラジルをブレンド。少しだけ酸味があり、軽やかな飲み口が特徴。ペーパーフィルターよりも苦み、渋みがやわらぎ、まろやかな味わいになる。

COFFEE BEANS

ブレンドコーヒー
（ゴールデンカフェフィルター使用）
800円（税込）

◉抽出データ（1杯分）
[豆の量]15g
[挽き具合]中挽き
[ミル]カリタ ナイスカットミル
[湯温]85～90℃
[抽出時間]約3分
[抽出量]200cc

【ゴールデンカフェフィルター】

2011年に発売され、話題を集める「純金製」のコーヒーフィルター。超微細精密機器の製造を行う㈱オプトニクス精密が作り上げたもので、板状の素材を組み立てるのではなく、電解精錬で金をフィルター型に立体加工しながら穴も作っている。穴の大きさは30ミクロンで、1㎠に1000個、均一に開いている。穴はインクジェットプリンタのノズル製造技術を活かして、特殊な形に空いているので、5年間使っても目詰まりしない。厚みは150ミクロンで、重さは25〜26g。材質は、骨格部が18金、コーヒーが触れる表面は24金、全体で20金相当になる。壊れた場合は同社に持ち込めば、その時の金の値段で買い取るという。

オーナーの黒田文雄さんが定年退職後、それまで自家焙煎コーヒーの店で2年ほど修業した息子の泰平さん、奥様の郁子さんと3人で切り盛りする。焙煎と抽出は、泰平さんが担当している。

住所=栃木県足利市栄町2-2-31
電話=0284-64-9639
営業時間=10:00〜18:00
定休日=水曜日

準備

PREPARATION

ゴールデンカフェフィルターは、純金製でやわらかい。変形はしないが、保存には専用のガラスフレームにセットする。このままカップにのせて、抽出も可能。目詰まりはしないが、コーヒーオイルが付いたときは、湯で洗い流すとよい。

通常の抽出作業では、円すい形ドリッパーにセットして抽出。フィルター部分の角度も、ドリッパーにぴったり合うように計算して作られている。

同店では、客席からでもドリッパーの金の輝きが見えるよう、透明ガラス製のドリッパーにセットして抽出を行う。ゴールデンカフェフィルターは1〜2杯取り。

抽出

BREW

1

ドリッパーにゴールデンカフェフィルターをセットしたら、挽きたてのコーヒーの粉を入れる。

2

ドリッパーの壁の部分を指先で軽くたたいて、中のコーヒー粉を平らにならす。

3

湯を細くして、豆の中央部から「の」の字を描くように注ぐ。豆とほぼ同じ量の15cc程度を注ぎ、粉に湯を吸わせて膨らませる。

4

蒸らしの時間は20～25秒ほど。注湯を止めても、粉が湯を吸って表面がドーム状に膨れてくる。

5

ドームが膨れ切る直前に、2湯目を注ぐ。湯を細くして、ゆっくりと中央から周辺部を広げていくように、「の」の字を描いて注ぐ。

6

フィルターの縁から2㎝ほどまで2湯目を注いだら、注湯を止めてサーバーに落ちるのを少し待つ。

7

ドームの形状を壊さないように3湯目を注ぐ。ここからは湯を少し太くして注ぐ。

8

3湯目からは、ややスピードを上げて抽出。目指す量まで抽出する。

9

抽出量になったら、ドリッパーを外しカップに注ぐ。ドリッパーは湯で洗い流す。

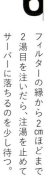

スタンダード

今も昔も変わらない、美味しいコーヒー抽出のためかかせない
“スタンダード”として、広く伝えられてきた器具の
カリタ、メリタ、KONO式に、ネルドリップ。
これらを用いている名店・人気店の技を紹介する。

- ●カリタ陶器製コーヒードリッパー　101ロト『炭火煎珈琲　皇琲亭』
- ●メリタ　コーヒーフィルター『あぶり珈琲』
- ●KONO式名門2人用ドリッパー『HORIGUCHI COFFEE 世田谷店』
- ●ネルブリュワーNELCCO（ねるっこ）「日本ネルドリップ珈琲普及協会」

ドリップ

『皇琲亭』池袋店を統括する三浦　研さん。同社が運営する「現代珈琲専門学院」の講師も務める。

蒸らさず1分で抽出。老舗の技・「粗挽き一湯淹て」

1925年創業の老舗ロースター・山下コーヒー㈱の直営店。同店が開業以来、
約30年にわたって守り続けているのが、「粗挽き一湯淹て」だ。
コーヒーの雑味成分はドリップの後半から出てくることから、
蒸らさず約1分間でシンプルに抽出する。短時間で抽出を終えられるよう、
豆は湯落ちが早い粗挽き。粗挽きでは味が出にくいので、1人前25gもの豆を使う。
雑味がなくクリアですっきりとした味わいが、長年通い続ける多くの常連客を虜にしている。

炭火煎珈琲 皇琲亭
山下総業株式会社 飲食事業部 池袋事業所統括責任者・三浦 研

【ブレンドコーヒー】
紀州備長炭100%の炭火焙煎豆を使用し、苦みを強調せず、中庸な味わいに仕上げたコーヒー。粗挽き一湯淹てでドリップすることで、「後味がよくて飲みやすいコーヒー」との評判を呼んでいる。

COFFEE BEANS

ブレンドコーヒー
760円(税込)

◉抽出データ(1杯分)
[豆の量]25g
[挽き具合]粗挽き
[ミル]フジローヤル 電動ミル
[湯温]95℃
[抽出時間]1分強
[抽出量]140cc

【カリタ 陶器製コーヒードリッパー 101ロト】

「粗挽き一湯滝て」は、蒸らしをせずに湯を注ぎ続ける、シンプルで分かりやすい抽出スタイル。「雑味が出る前に抽出を終え、ドリップの前半に出る美味しい成分だけを味わってもらおう」という発想から生まれた抽出法。この技術を支えるのが、歴史のある3つ穴のカリタのコーヒードリッパーだ。ペーパーフィルターも、カリタのコーヒーノィルター101を使っている。

住所=東京都豊島区東池袋1-7-2
東駒ビル1階
電話=03-3985-6395
営業時間=11:00〜22:30(L.O.22:00)
定休日=無休

準備

PREPARATION

抽出前に、カップに湯を注いで温め、湯を捨ててカップを伏せる。抽出作業は、この次の「所作」から始まる。抽出時間は1分ほどと短いが、その間のスマートで流れるような淹れ手の所作により、お客の気持ちを盛り上げる。

抽出

BREW

1

まず、「一湯淹て」の所作から。右手に粉をセットしたドリッパーを、左手には温めたカップを伏せた状態で置き、それぞれ取っ手を持つ。右手でドリッパーを持ち上げると同時に、左手のカップを転がすようにして起こし、そのままカップの上にドリッパーをのせる。

2

沸騰した湯をドリップポットに移す。同店では味を一定にするため、ポットに湯は七分目まで入れて作業する。

3

粉の中心を目がけて、湯を注ぎ始める。ポットの注ぎ口の高さは、粉の表面から5～6㎝上を保つ。

4

中心から外側へ、「の」の字を描くよう3回転ほどさせて注ぐ。ドリッパー周縁に湯は注がない。

5

そのまま蒸らし時間は取らずに、外側に3回転させたら、回しながら中心に戻る。

6

再び外側に回しながら注ぐ工程をくり返す。蒸らし時間がなく、手を休めないで注ぎ続ける。

7

常に一定のスピードと、湯の太さで注ぎ、味を安定させる。2回転目から粉が膨らみ浮き上がる。

8

コーヒーの粉をいじめないイメージで、粉にのせるイメージで丁寧に湯を注ぐ。

9

分量に達したら終了。雑味成分が出る前に抽出を終えるため、ドリッパーの湯は落とし切ってよい。

10

ソーサーにのせて提供。約1分と短時間で抽出するため、適温の75～80℃で提供できる。

いい豆の成分抽出のため90℃以上の湯で抽出

喫茶店へ憧れコーヒーに興味を持ち、喫茶店やロースターなど数軒で勉強。その後1997年に独立開業。

1997年のオープン以来、自家焙煎でスペシャルティコーヒーを中心に扱うようにして、焙煎も抽出法も変えてきた同店。「スペシルティコーヒーとは、いい成分を含んでいるコーヒー」という店主の林さんの考えで、90℃以上でないと溶け出さない成分を抽出するため、浅煎りも深い煎りも90℃以上で抽出を行う。豆に関しては、焙煎して一週間後の、ガスが抜けた豆の方が、いい豆の良さが出るので、焙煎すぐの豆は使わないようにしている。

あぶり珈琲
店主・林 裕之

【ブレンドNo.3】
すっきりとした飲みやすさがありながら、しっかりした味わいが特徴。スーパーグレードのケニアの中煎りをベースに、スマトラ、ブラジルを組み合わせたブレンド。

COFFEE BEANS

ブレンドNo.3
580円(税込)

◉抽出データ(1杯分)
[豆の量]10g
[挽き具合]中挽き
[ミル]ナイスカットミル(カリタ)
[湯温]90℃以上
[抽出時間]4分
[抽出量]150cc

【メリタ コーヒーフィルター】

ペーパーフィルターを使用するコーヒードリッパーの中で、最も歴史が古く定番中の定番であるメリタ。『あぶり珈琲』では、今日、様々な種類が登場しているドリッパーの中でも、一番ゆっくりと湯が落ちるという理由から、1つ穴のメリタのドリッパーを選択している。サーバーに関しては、目盛りが見やすいという理由でカリタ製を使っている。

住所=埼玉県川越市大手町15-8
電話=049-226-8556
営業時間=10:00〜18:00
定休日=火曜日

BREW
抽出

1

ペーパーフィルターも、メリタのものを使用。ドリッパーにセットして挽いたコーヒーの粉を入れる。

2

沸騰した湯をコーヒーポットに注ぎ、注湯する。湯温は90℃以上。粉の中央部から湯を注ぎ、粉全体に湯をかける。湯量はサーバーに少し落ちるくらいが目安。

3

1分半〜2分蒸らす。豆の膨らみは意識しないで、全体に湯をかけることの方を大事にする。

4

蒸らしが終了したら、粉の中央から湯を注いで抽出して行く。湯は回さないように注ぐ。

5

メリタの1つ穴の場合、中央から注いで、そのままペーパーフィルターの上端の1cm下くらいまで湯を注いで注湯を止める。

6

温度の高い湯の中で、スペシャルティコーヒーの持ついい成分が抽出され、下から落ちてくる。

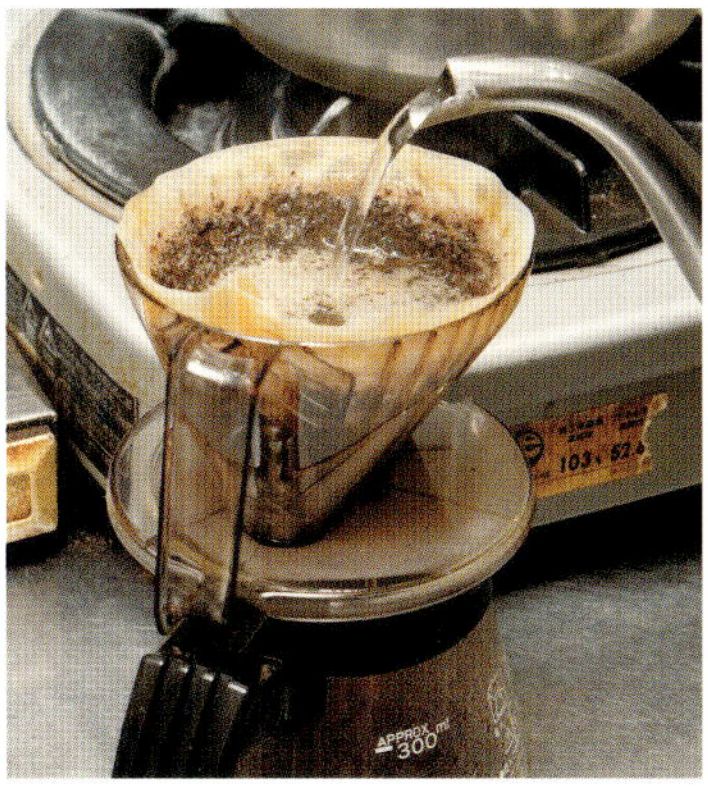

7

フィルター内に注いだ湯が半分くらいになったら、再び湯をペーパーフィルターの上端の１cm下まで注ぐ。

8

１５０ccまで抽出する。その間の抽出時間は、蒸らしからトータルで３分ほどで終えるようにする。

9

１５０cc抽出したら、軽く混ぜて上部と下部のコーヒーの濃度を均一にして、温めたカップに注ぐ。

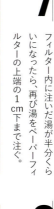

【デミタス ストロングブレンド】

グァテマラベースで、コロンビアを加えたブレンド。エスプレッソタイプの深煎りの「甘さ」を味わえるコーヒー。90℃以上の湯温で抽出するが、苦みはやわらかい。

COFFEE BEANS

デミタス
ストロングブレンド
620円（税込）

◉抽出データ（1杯分）
［豆の量］20g
［挽き具合］中挽き
［ミル］ナイスカットミル（カリタ）
［湯温］90℃以上
［抽出時間］4分
［抽出量］80cc

BREW 抽出

1
セットしたフィルターに、挽いた粉を入れる。デミタスは、抽出量が80ccと少ない。

2
ドリッパーを持って表面を平らにする。デミタスの場合は、目盛りが見やすいので、ビーカーに抽出する。

3
湯の温度は90℃以上。1湯目は、細い湯で、ゆっくりと、粉の中心から全体に湯をかけ、豆に湯を行き渡らせる。「細くゆっくり」の意識は、最後まで保つ。

7

抽出したコーヒーは、温めたカップに注ぐ。季節によっては、抽出したコーヒーの温度が下がってしまうので、数秒だけ加熱してからカップに注ぐこともある。

フィルターとサーバーを指で挟んで、一緒に持って抽出する手法も行う。その場合は、ポットの口に「きゅうすスキッター」を付けて、点滴して注油する。

4

粉全体に湯をかけたら注湯を止め、1分半〜2分蒸らす。

5

2湯目は、粉の中央と周辺部に湯を順に置く感じで注いで行く。細い湯をゆっくりと注いでも、早く抽出し過ぎてしまうので、注意して注ぐ。

6

60ccほど抽出したら、そこからは湯を細くして注湯し、80ccになるまで抽出する。抽出時間は3分ほど。

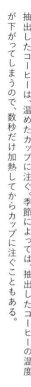

豆にゆっくり湯を浸透させる。25年以上続ける“いいコーヒー”のための抽出法

㈱堀口珈琲 代表取締役。SCAAカッピングジャッジ、SCAJ理事、日本コーヒー文化学会常任理事。

堀口氏が25年以上続けるペーパードリップ法は、生豆から関わる“いいコーヒー”を前提にした淹れ方。湯を「細く」「粉の中央」に注ぎ、ゆっくりと湯を粉に浸透させ、1滴ずつポタポタとコーヒーのエキスが落ちる状態を作る。最初の1滴が落ちるまでの約1分間にこれができるかどうかによって、コーヒーの香味が決まる。この手法は、あくまで目指す味のためのベースと捉え、「そのためにも前提となるカッピングスキルを磨き、味の判断能力を養うべき」と語る。

HORIGUCHI COFFEE 世田谷店

店主・堀口俊英

【ブレンド#3 MILD&HARMONIOUSシティロースト】

酸とコクの絶妙なバランス。飽きの来ない、同店定番のブレンド。豆はグァテマラ、コロンビア、コスタリカなどを使用するが、味わいの安定のため、使用する豆の種類や配合は、常時変更を加えている。

COFFEE BEANS

ブレンド#3
MILD&HARMONIOUS
シティロースト
540円（税込）

◉抽出データ（2杯分）
[豆の量]30g
[挽き具合]中挽き
[ミル]フジローヤル みるっこDX（オリジナルカラー）
[湯温]93℃前後
[抽出時間]3〜3分半
[抽出量]300cc

【KONO式名門2人用ドリッパー】

ネルドリップに近づけるために考えられたとされる、KONO式ドリッパー。内側にあるリブが、ドリッパーの下3分の1だけに、下に向けて真っすぐ入っているのが特徴で、この構造のため湯が壁面に伝わらず、そして湯の抜けが良い。ネルドリップでの抽出に近くなっている。同店では20年以上前からこのドリッパーを使用して淹れる。

住所=東京都世田谷区船橋1-12-15
電話=03-5477-4142
営業時間=11:00～19:00
定休日=第3水曜日

準備 PREPARATION

KONO式サーバーに湯を注ぎ、その湯をカップに移して、それぞれを温めておく。ペーパーフィルターはKONO式円すい形ペーパーフィルター2人用を使い、圧着部分を折って円すい形にし、ドリッパーにセットしておく。

抽出 BREW

1 コーヒー粉を入れ、湯を均一に浸透させるため、ドリッパーの脇を軽くたたき表面を平らにならす。

2 沸騰した湯をポットに移す。湯温は93℃。カリタの銅製ポットは注ぎ口が湯を細く出せる形状。

3 中心から外へ向かい、ゆっくり細く注ぐ。その際、直接ペーパーにかけないよう注意。煎りたて、挽きたての豆ほどよく膨らむが、膨らみ過ぎないよう湯量を調整し、粉が膨らんだら注ぐのを止める。

4

粉の中に湯を充分に浸透させる。コーヒーの成分を湯によって溶解し、浸出させるための準備工程。

5

膨らみが収まった頃、3と同様に湯を注ぐ。再び粉が膨らんだら、注湯を止める。

6

開始から1分で1滴目が落ちるよう注湯。最初の1滴までの時間が早いと、ボディが薄くなる。

7

注ぎ口は粉とできるだけ近い位置から注ぐこと。高いと粉に当たる圧力が強すぎて粗い味になる。

8

3〜7を繰り返すと白い泡が浮いてくる。これは炭酸ガスが出て、コーヒー成分抽出が順調な証拠。

9

抽出量に達したら、湯が落ち切る前にドリッパーを外す。スプーンで軽く攪拌して味を均一にし、温めておいたカップに注ぐ。

ネルドリップならではのコーヒーの味わい、職人の抽出法を家庭で手軽に再現できる

一般社団法人 日本ネルドリップ珈琲普及協会は、2016年8月に設立された。

ネルドリップコーヒーの普及と、日本独自のネルドリップコーヒーを次世代につなぎ、
世界にも伝えることを目的に設立された日本ネルドリップ珈琲普及協会。
代表理事の繁田武之さんは、ネルドリップコーヒーの職人技の伝承だけでなく、
その職人技を家庭でも手軽に再現できる富士珈機製の「ねるっこ」を使い、
ペーパーフィルターでは出せないネルドリップコーヒーの
味わいの魅力の普及にも勤めている。

一般社団法人 日本ネルドリップ珈琲普及協会
代表理事 繁田武之

【本日のコーヒー】
撮影時の「本日のコーヒー」は、フィリピン・ミンダナオ島のアラビカ(500円)。店内でフルシティーで焙煎。とろりとした味わいはネルドリップで抽出したコーヒーならでは。

COFFEE BEANS

フィリピン・ミンダナオ島
アラビカ
100g800円

◉抽出データ(1杯分)
[豆の量]22g
[挽き具合]やや細かめ
[ミル]ナイスカットミル
[湯温]93℃
[抽出時間]2分30秒〜3分
[抽出量]120cc

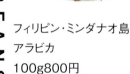

【ネルドリップ】

ネルブリューワーNELCCO（ねるっこ）。乾かしてはいけないなど、扱いが面倒だったネル布に代わり、綿と麻の混毛の天竺編み布を採用。糸のように細くお湯を最適にコーヒー粉の上に落とす職人の点滴抽出法を再現できるドリッパーを開発。お湯の落ちる高さ、お湯の温度を保つドリッパーの材質など、福岡の『珈琲美美』の森光宗男氏の監修のもと、職人技を家庭でも、いつでも再現できるように開発された。

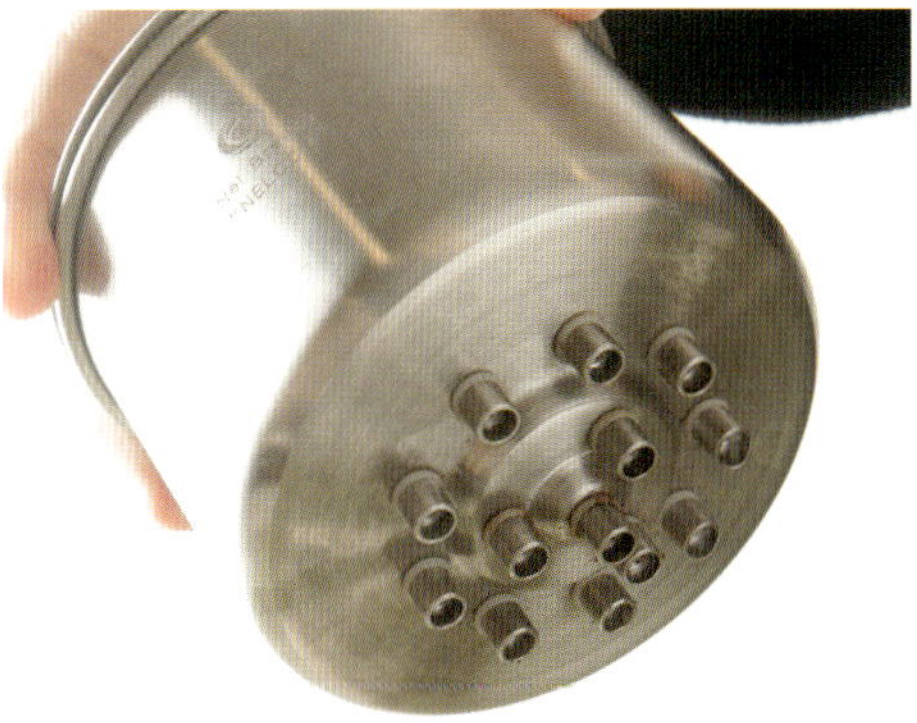

住所=東京都杉並区荻窪5-14-11 coffee IKOMA内
電話=03-5335-9773
Mail=neldripcoffeejapan@gmail.com
営業時間=10:00〜19:00
定休日=日曜日

準備
PREPARATION

ネルドリップで抽出したコーヒーらしさを味わうため、フルシティーの少し深煎りのコーヒーを選び、少し細かめに挽いてネルに22g入れる。コーヒーカップとサーバーをお湯で温めておく。

抽出
BREW

1

ドリッパー（もりみつドリッパー）に湯を注ぐ。ドリッパーの1／3程度。勢いよく注いでよい。

2

ドリッパーの下に開けた穴からポタポタと湯が落ち始める。ドリッパーを手でまわすと、よりまんべんなくコーヒー粉の上に湯をゆきわたらせることができる。

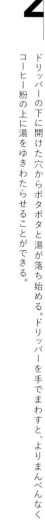

5

抽出量は１２０cc。そこに達したら、サーバーをはずして終了。

3

ドリッパー内の湯が減ってきたら足す。コーヒー粉の表面に湯が均等に落ちている状態がキープされていることを確認する。

4

サーバーにコーヒー液が落ち始めたら、ドリッパーにフタをして、湯温が下がらないようにして、そのまま抽出。

NEW STYLE

これまでの「ポットから湯をコーヒーの粉に落として抽出する」スタイルとは
全くことなるコーヒーの抽出法が、編み出されてきている。
科学的な分析をもとに開発された器具や、
安定的な抽出の目安になる機器なども紹介。

ドリップ

構造・作業はシンプルでも、使い方・味の工夫に無限の可能性が

2013年ジャパンラテアートチャンピオンシップ優勝、同年世界大会優勝。小川珈琲㈱バリスタのトレーナー、セミナー講師。

構造や作り方はシンプルながら様々な味わいの
上質なコーヒーが抽出できる器具と注目の「エアロプレス」。
発売当初、アメリカSCAAで情報を得た小川珈琲㈱が、その性能の良さに驚き、
2011年より日本での総代理店になった。『小川珈琲』でも、直営店で使っている。
ここでは、エアロプレスのメジャーな手法のいくつかを解説しながら、
その使い方や味の工夫の可能性の広さについて紹介。最初は基本的な使い方。

OGAWA COFFEE 京都駅店
総合開発部 企画開発課・吉川寿子

【エチオピア イルガチェフェ モカ(アメリカーノ)】
香り高く、酸味と甘みのバランスが良い。コクのあるコーヒー。中深煎り。エアロプレスで淹れると、非常にクリアで雑味のない味わいになる。濃いめに抽出して湯を足すから「アメリカーノ」になる。

COFFEE BEANS

エチオピア イルガチェフェ モカ
778円(税別)100g

◉抽出データ(2杯分)
[豆の量]25g
[挽き具合]中粗挽き
[ミル]マールクーニックEK-43
[湯温]80℃前後
[抽出時間]約1〜1分30秒
[抽出量]250cc

【エアロプレス】

アメリカ・エアロビ社が開発した抽出器具。屋外でもより美味しいコーヒーを簡単に抽出できるようにと考案。同社は元来フリスビーを製造している会社で、その樹脂加工技術を用いて完成させた。構造が単純で作業自体は難しくなく、他に道具が不要なのも利点。空気圧を利用したシンプルな抽出器具で、それだけバリスタ各人による工夫の余地があることから、エアロプレス選手権も行われている。

メインとなるプランジャー(内筒。写真手前)と、チャンバー(外筒。同奥)。プランジャーの先にはゴム製のパッキンがついている。

セット一式。(右から)ペーパーフィルター、キャップ、パドル(攪拌用ヘラ)、計量スプーン、ファンネル(粉を入れる器具)。奥2つはメイン器具。

住所=京都府京都市下京区東塩小路町
地下鉄京都駅コンコース
電話=075-352-0808
URL=http://www.oc-creates.jp/
営業時間=7:30〜21:00
定休日=無休

準備 PREPARATION

付属のキャップに、専用のペーパーフィルターをセットする。

フィルターに湯をかけて、湿らせる。キャップの上で、ペーパーが折れたり浮いたりしないようにするための準備。

さらに、付属のパドルで押さえて、ペーパーフィルターの浮いた部分をキャップに密着させる。

キャップを、チャンバーの先端にセットする。これで準備は終わり。

抽出 BREW

1

チャンバーとピッチャーを、スケールの上にのせる。台は、ステンレスピッチャーなど耐久性のあるものを使う。ファンネルをさして、粉を入れる。

2

チャンバーの下部を軽くたたいて、コーヒー粉の表面をならす。粉に湯を均一に浸透させるための作業。

3

粉にまんべんなく、しっかりとお湯がかかるように注湯する。円を描くように、筒を回しながら入れる。

4

湯温は80℃前後。豆の焙煎後の経過時間や焙煎具合で湯温は変わる。まず、１４０ccの湯を注ぐ。

5

パドルを底まで入れて、静かに攪拌する。一定のスピードで10回行うことが大事。攪拌する回数の増減で、同じコーヒー豆でも味わいを変えられる。

6

チャンバーにプランジャーの先を5㎜ほどさして、20秒間待つ。この間にコーヒー成分が湯に溶け出る。この時間の増減でも、コーヒーの味わいを変えられる。

7

抽出。チャンバーを真上から、ゆっくりと押す。一定の力・スピードで、20〜30秒かけてプレスする。力任せに押さないこと。

8

下から空気の抜ける音がしたら、プレスを止める。最後までプレスし切ると、写真下のように泡となって雑味成分まで出るので、途中で止める。抽出時間は約１～１分30秒。

9

抽出したコーヒー液は１１０cc。１３０～１４０cc加えて２５０ccになるよう湯を足す。足す湯の量は好み。

10

スプーンなどで攪拌したら完成。
カップに注ぐ。

COFFEE BEANS

エチオピア イルガチェフェ モカ
778円（税別）100g

◉抽出データ（1杯分）
［豆の量］18g
［挽き具合］中細挽き
［ミル］マールクーニックEK-43
［湯温］80℃前後
［抽出時間］約50秒～1分
［抽出量］150～160cc

【エチオピア イルガチェフェ モカ（インバート）】

「インバート（転倒）方法」と呼ばれ、プランジャーを下に、チャンバーを上にして抽出。フレンチプレスのようになり、前記抽出法よりクリアさはないが、オイル分がより多く出て重くボディがあるコーヒーに。

準備 PREPARATION

基本の作業。キャップにペーパーフィルターをのせ、湯を少しかけて湿らせ、パドルで押さえて、折れや浮きがないようにしておく。

抽出 BREW

1

作業台に、プランジャー（内筒）を下にして置き、その上からチャンバー（外筒）をさしてセットする。これをスケールにのせる（不安定なので充分に注意する）。

2

ファンネルをさして、挽きたてのコーヒー粉を入れる。

3

チャンバーをゆすって、中のコーヒー粉を均一の厚みにならす。

4

注湯する。湯温は80℃。湯量は抽出分を注ぐ。この場合は180cc。チャンバーを持って、円を描くように動かしながら、粉全体に湯が当たるように注ぐ。

5

パドルをチャンバーの底まで入れて、ゆっくりと静かに攪拌する。一定のスピードで10回攪拌したら、パドルを取り出す。

6

すぐにキャップをセット。そのままの状態で、20～30秒浸漬させてコーヒーの成分を溶けださせる。

7

プランジャー部分を持ってキャップを下に向け、湯をもらさないようステンレスピッチャーなどに移したら、そのままプレスする。

8

ゆっくりとプレスする。一定の力・スピードで、20～30秒かけてプレスする。

9

空気音がし始めたら、プレスは終了。今度は湯を足さず、そのままカップに注ぐ。

【掃除の仕方】

プレスを終えたら、流し台などで最後までプレスして、残った液体を出し、キャップを外す。

キャップを外すと、フィルターがコーヒーにくっついている。そのままプランジャーを最後まで押すと、抽出を終えたコーヒー粉と一緒に落ちる。

チャンバーの縁や、プランジャーのパッキン部分などに付いたコーヒー粉は、きれいに洗い流す。

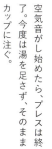

【エチオピア イルガチェフェ モカ（家庭向け抽出法）】

最後が、最も簡単で手軽な手法。プランジャーを湯の計量器代わりにするので、スケールが不要。スケールを必要としない家庭向けの手法といえる。インバート法よりも、クリアで軽い味わいになる。

COFFEE BEANS

エチオピア イルガチェフェ モカ
778円（税別）100g

◉抽出データ（1杯分）
［豆の量］18g
［挽き具合］中細挽き
［ミル］マールクーニックEK-43
［湯温］80℃前後
［抽出時間］約50秒〜1分
［抽出量］150〜180cc

準備 PREPARATION

キャップにペーパーフィルターをのせ、湯を少しかけて湿らせ、パドルで押さえて、折れや浮きがないようにする。

上記のキャップを、チャンバー（外筒）にセットする。

抽出 BREW

1

キャップをセットしたチャンバーを、ステンレスピッチャーなど強度のあるサーバーにのせる。

2

挽きたてのコーヒー粉を、チャンバーに入れる。挽き方は中細挽き。

3

チャンバーを軽くゆすって、中の粉が均一の厚みになるようにならす。

4

プランジャーの縁から1〜1.5cmくらいまで、湯を入れる。これでほぼ1杯分の湯量（湯温80℃前後）。

5

プランジャーの湯を、3のチャンバーに注ぐ。

6

パドルをチャンバーの底まで入れて、ゆっくりと静かに、一定のスピードで10回攪拌する。

7

一定の力・スピードで、20〜30秒かけてゆっくりとプレスする。プレスの仕方はどの手法でも共通。

8

空気音がし始めたら、プレスは終了。チャンバーを外し、コーヒーをカップに注ぐ。

乳業メーカーでのフレーバリスト（調香師）を経て、関心の高かったコーヒー焙煎の道へ。2016年独立開業。

豆の個性に合う抽出法を。よりクリアな味わいを、簡易な手法で

フレーバリスト（調香師）という異色の経歴を持つ元明さんが
2016年に開業した、コーヒースタンド併設の自家焙煎店。
浅煎りのシングルオリジンから深煎りのブレンドまでを揃える同店では、
コーヒーのキャラクターを活かせるなら、手法にこだわらず出器具を使い分けており、
ハリオやKONOのほか、よりカッピングライクな味わいを求める際には、
クレバーコーヒードリップも使用している。

LIMENAS COFFEE
社長・元明健二

【エチオピア モプラコ ナチュラル】
店内でのコーヒーは、試飲用として楽しんでもらうために用意。ミディアムローストで、ナチュラルっぽさが出るよう焙煎している。ペーパーを使った抽出で、色や味わいはクリアになる。

COFFEE BEANS

エチオピア モプラコ
ナチュラル
350円（税込）

◉抽出データ（1杯分）
[豆の量]20g
[挽き具合]細挽き
[ミル]バラッツァ
[湯温]92～93℃
[抽出時間]2～4分
[抽出量]200cc

【クレバーコーヒードリッパー】

ハンドドリップの味わいを、技術を必要としない方法で抽出できることを目指し、開発されたドリッパー。サイフォンやフレンチプレスと同じ浸漬式で、豆の持ち味を湯に溶け出させるが、ペーパーフィルターを使うため、後片付けが簡単。抽出は、バルブ方式（特許取得）で、ドリッパーをサーバーなどにのせると自動的に底からコーヒーが抽出されるというもの。

「クレバーコーヒードリッパー」は、メインとなるドリッパー（写真右）に、底面の部分に当たるリリースリング（同左前）、そして蓋代わりにもなるコースター（同奥）というシンプルな構造。抽出後の水洗いなども簡単。

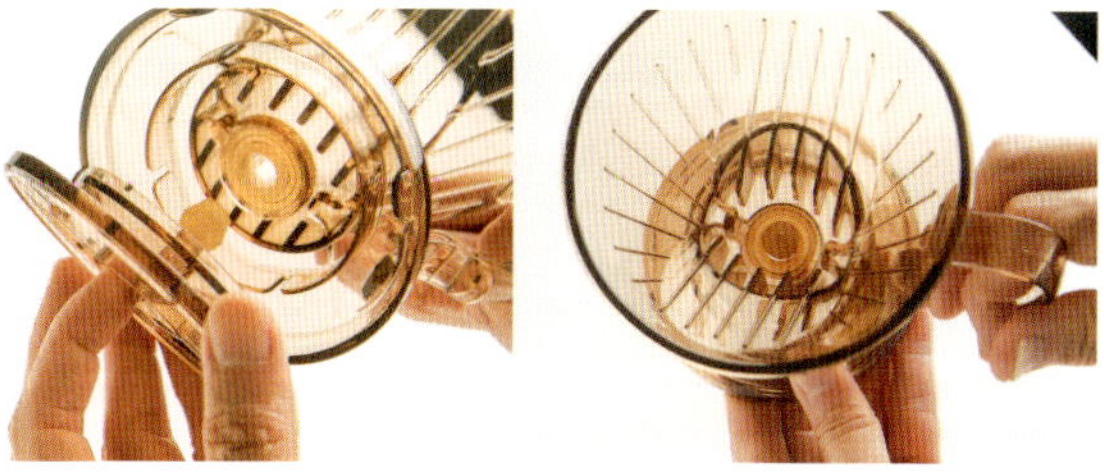

ドリッパーのリングに、リリースリングのシリコンボールをセットして使用。シリコンボールとリングは取換え用も販売。

住所＝埼玉県所沢市寿町10-8
電話＝04-2009-1028
営業時間＝11:00〜18:00
定休日＝木曜日、不定休
通販サイト＝http://limenascoffee.com/

準備

PREPARATION

クレバードリッパーには、台形ペーパーフィルターを使用。圧着部分を折ってから、ドリッパーにセットする。

コーヒー粉を入れる前に、ペーパーフィルターに湯をかける。紙に少しでも残っている臭みを取り除き、同時にドリッパーを温めるため。

抽出

BREW

1

コーヒーは細挽きのものを使用する。挽きたてをペーパーフィルターに入れたら、平らにならす。

2

浸漬式のクレバーコーヒードリッパーを用いる場合は、温度管理が大事。沸騰した分量の湯をサーバーに入れ、温めながら湯温が92～93℃に下がるまで待つ。

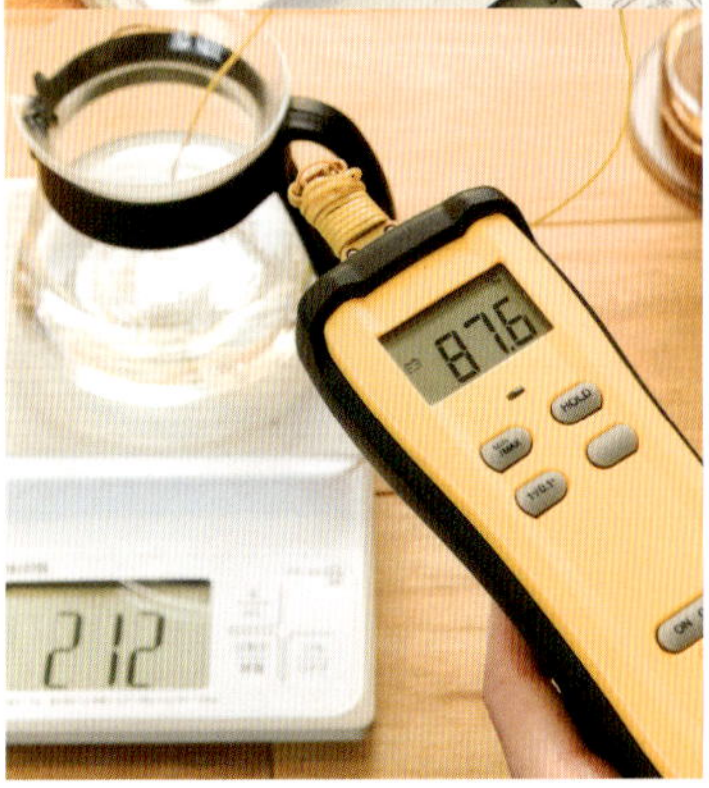

3

適温になったところで、1のクレバーコーヒードリッパーに、湯の全量を一気に注ぐ。

4

1分間そのまま置いて蒸らす。蓋は、してもしなくてもいい。蒸らし時間の長短でも味わいは変えられる。

5

より風味を強めるためにスプーンで5回混ぜて少し置く。こってり味なら10回、あっさり味なら不要など、混ぜる回数で味わいを変えられる。

6

浸漬を終えたら（1分30秒後）、クレバードリッパーを、温めておいたサーバーにのせる。

7

リリースリングのストッパーが外れて、底からコーヒーが抽出される。途中でドリッパーを持ち上げると、抽出も止まる。

8

スプーンでかき混ぜて、全体を均一にしてカップに注ぐ。色合い、味わいはクリアで、深煎りの豆でも向く。

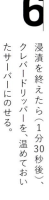

豆の香りと味わいを強調。「水出し」のクリアなコーヒーを、短時間で抽出

前記「クレバーコーヒードリッパー」がホットコーヒー用なのに対して、一度に1ℓが抽出できる「ハンディブリュー」は、主にアイス用として重宝するドリッパー。クリアな味わいのコーヒーが抽出できるうえ、構造上、雑味や微粉も出ないのが特徴だ。メーカー推奨の使い方では、やさしい味わいのコーヒーができるが、ここでは元明さんが工夫を加えた手法で、短時間で豆の香りと味わいを、より強調したコーヒーを抽出する。

LIMENAS COFFEE
社長・元明健二

【エチオピア モプラコ ナチュラル（アイス）】

アイスコーヒー用に、豆の香りと味わいを強調したいので、ホットの時より細かく挽いた豆を使う。クリアな味で、そのままでも、あえてミルクを加えても、美味しさが広がるアイスコーヒー。

COFFEE BEANS

エチオピア モプラコ
ナチュラル（アイス）
350円（税込）

◉抽出データ（3杯分）
[豆の量]40g
[挽き具合]中挽き
[ミル]バラッツァ
[湯温]92℃の湯150ccと常温の水400cc
[抽出時間]約5分
[抽出量]800cc

【ハンディブリュー XLサイズ】

1ℓと大容量のコーヒーが一度に抽出できる、主にアイスコーヒー抽出に向くドリッパー。ペーパーフィルターは不要の2層メッシュフィルターを採用しているため、雑味、微粉が出ないのが特徴。本来なら8時間〜24時間はかかる水出しコーヒーと同じほどクリアな味わいのコーヒーが、きわめて短時間で出せるという利点がある。豆は、スペシャルティコーヒーのミディアムなどが合う。

ハンディブリューは、メインとなるドリッパー本体部分（写真奥左）に、リリースリング（同右）に加え、2つの金属メッシュフィルターという構造。この2層のフィルターによって、微粉まで取り除かれる。

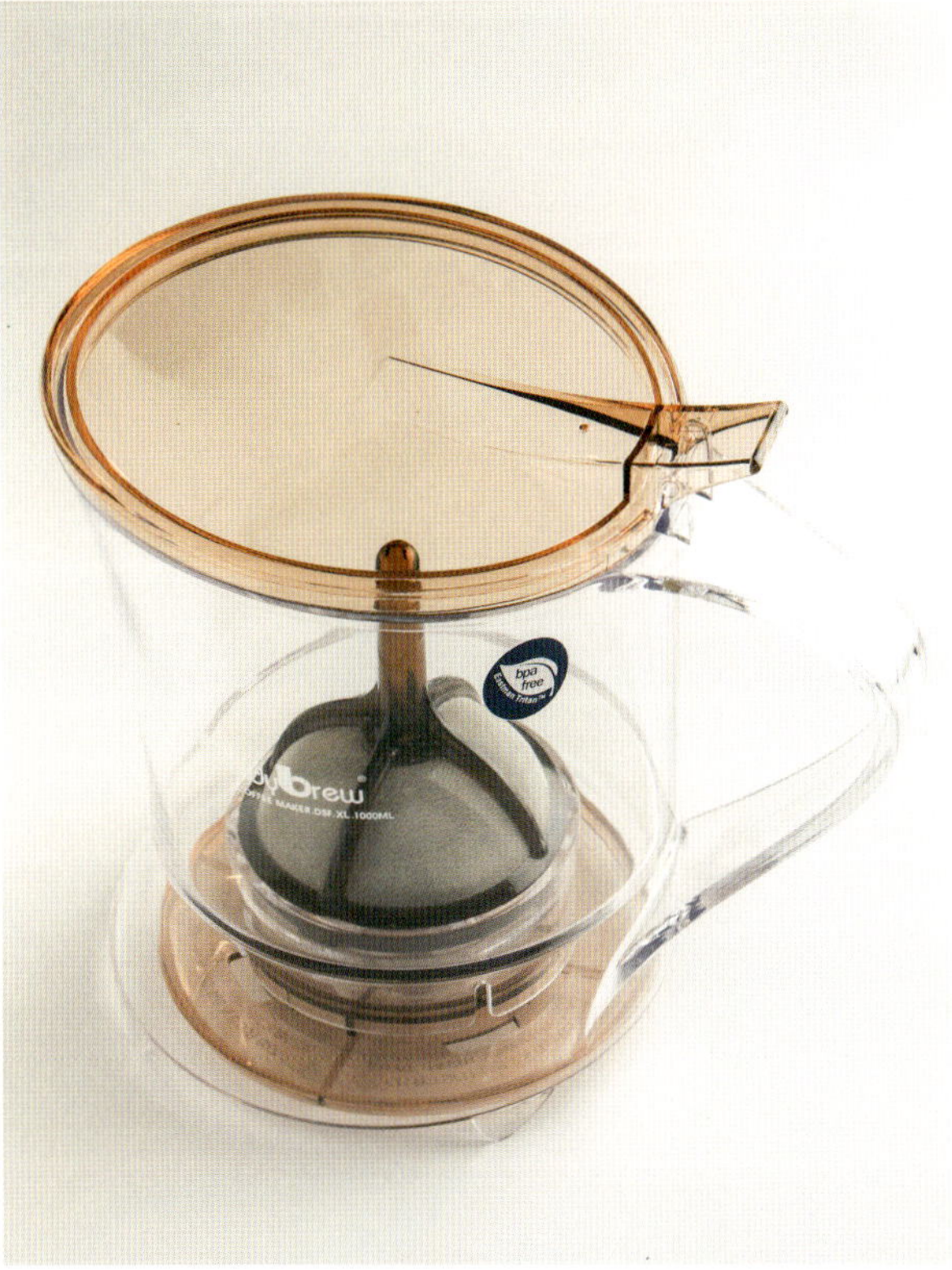

使用に当たっては、まず2つの金属メッシュを、上下に組み合わせる。

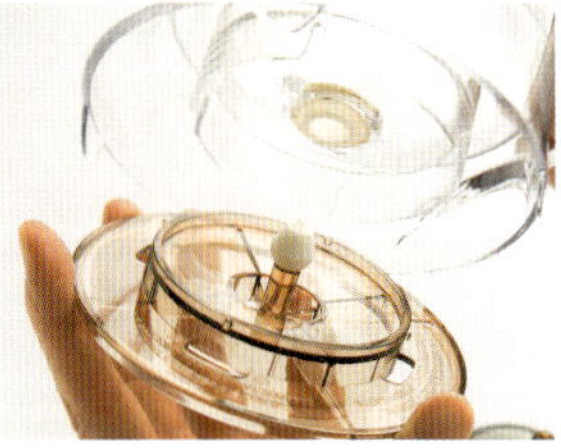

ドリッパー下部に、シリコンボールをセットしたリリースリングをセットする。

最後に、組み合わせた金属メッシュフィルターを、ドリッパーの上部からセットする。

抽出 BREW

1

挽いた豆を入れる。ハンディドリッパー用には、中挽きにする。ドリッパーをゆすって、粉の表面の凸凹をならしておく。

2

抽出用に湯を準備する。沸騰させた湯をコーヒーサーバーに移し、湯温を92℃まで下げる。湯の量は、全体の2割ほど。

3

適温に下がった湯を、1のドリッパーの粉全体にかかるよう一気に回し入れて、蒸らしを行う。

4

蒸らしの間に、常温の水を用意する。スケールにサーバーをのせて、計量する。

5

蒸らした豆に、常温の水を回し入れる。メーカー推奨では常温の水だけだが、豆の特徴を出したいので92℃のお湯で蒸らし、豆の香りと味わいをより強調する。

6

さらに、計量しておいた氷を300cc分入れる。氷の溶け残りを計算して、抽出量よりやや多めの量になる。

9

サーバーにのせると、底から自動的に抽出される。カップに１５０cc注ぎ、氷を１００g入れる。ナチュラルで、苦みや渋みが無い味わい。ミルクを入れても美味しい。

10

ドリッパー内には、抽出を終えたコーヒー粉と、溶け残った氷だけが残る。2層フィルターのため、微粉も出ない。

7

ステアして、ドリッパー内を冷やす。全体を急冷するための作業で、液温が下がれば終了。

8

そのまま置いて冷やす。だいたい5℃前後のコーヒー液になれば、作業は終了。コーヒーサーバーに抽出する。

サーバー内を微真空にし、ペーパードリップでは出せないオイル感のある抽出を実現

松屋式ドリップ法（P48）を開発した、松屋コーヒー本店の先代社長・松下真氏が考案した真空抽出器「アポロ」。それをヒントに、家庭用のコーヒーサーバーと小型ポンプを組み合わせて作ったのが「アポロくん・ミニ」。サーバー内の空気を少し抜いて微真空にし、上で抽出するドリッパー内のコーヒー液をサーバーに吸引する。抽出する湯の流れに重力＋少しの力が加わることで、ペーパードリップでは出せないオイル感のするコーヒーを抽出できるのが特徴。

フレーバーコーヒー
店主・中川正志

【アポロくん・ミニ】
家庭用サーバーに、パッキン付きのドリッパーを密着させてセット。サーバーにつながるチューブに空気を抜く小型ポンプを接続。200㎜aqの弱いポンプ（熱帯魚の水槽用のを改良）。

BREW

抽出

1

円すいペーパーフィルターに、コーヒー粉は20g。オイル感を出すのが目的でもあるので、通常のペーパードリップ抽出のときより少し細かめに挽く。まず、コーヒー粉に湯をかけて、フタをして3分蒸らして注湯を開始。注湯はP58と同じ、ドリップダラーを使い、コーヒーの粉の中央の真上からスタート。松屋式ドリップ法（P48）と同じく、ドリッパー内に湯をためないようにし、上から下に湯が通るのをキープしながら抽出する。

2

90ccコーヒー液を抽出したら、終了する。

3

90ccの湯を足して混ぜて完成。温めておいたコーヒーカップに注ぐ。

【フレーバーコーヒー】
住所＝愛知県西尾市永楽町4-21
電話＝0563-57-1292
営業時間＝10:00〜20:00
定休日＝火曜日

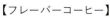

関連器具

抽出時の湯量コントロールを視覚的にチェックでき、厳密な再現を可能にする

スペシャルティコーヒーの抽出法として注目されているプアオーバー（ドリップコーヒー）。豆に合わせて抽出の湯量、湯温、時間を微妙に加減できるからだ。ただ、その「湯の注ぎ方」を再現すること、スタッフで共有することは難しかった。それを可能にしたのがacaia。全体の注湯量、ドリッパー内に注がれた湯量、サーバーに落ちたコーヒー液量を逐次、計量でき、それをタブレット端末でグラフにして保存できる。指導者が淹れたコーヒーとの味の違いを、グラフから発見できる。

有限会社FBCインターナショナル

【アカイア acaia】
サーバー内のコーヒー液量を計量するるLunar（ルナ）、全体を計量するPEARL（パール）、プアオーバー用のチタン製ドリップスタンドの組み合わせ。ドリッパーは、いろいろなメーカーのものに対応できる。

抽出するときの湯温を正確に把握できるbonaVITAの日本仕様電気ポット(1リットル容量)を使用。1℃単位で温度を設定して、湯温をキープできる。

カリタウエーブドリッパーをセット。コーヒーは、今回はグァテマラ・インメル・アベル(2016年CEO入賞豆)を22.8g、グラインドサイズは5(アンフィム)で抽出。

BREW 抽出

1

85℃の湯を注ぎ始める。湯を注ぎ始めると同時に、ブルートゥースでつながったタブレット端末にグラフが表示し始める。

2

湯をまんべんなく行き渡らせたら、蒸らしに入る。この状態は、グラフは平行に流れ、湯を注ぐのを止めているところがわかる。

3

第2湯の開始。再び、グラフに注湯の量の変化として表示される。

4

下のサーバーへコーヒー液が落ち始めると、そのサーバー内のコーヒー液量の計量が開始される。

5

ドリッパー内に注ぐ湯の加減、湯量コントロールと合わせて、下のサーバーに抽出されるコーヒー液量の総量の変化が記録されていく。

6

目指す抽出量に達したらサーバーをはずして抽出は終了する。抽出開始から終了までの湯量コントロールをグラフにしたのが、右ページの上のグラフ。そのグラフと合わせて、抽出時のデータ、テイスティングしたコーヒーの味わいを合わせて記録したのが右ページの下のグラフになる。

プアオーバーのお手本を見せる人が抽出したときのグラフ。時間経過とともに、注ぐ湯の量がグラフに表される。折れ線グラフが平行に表示されるところは、注湯が止まっている時間。

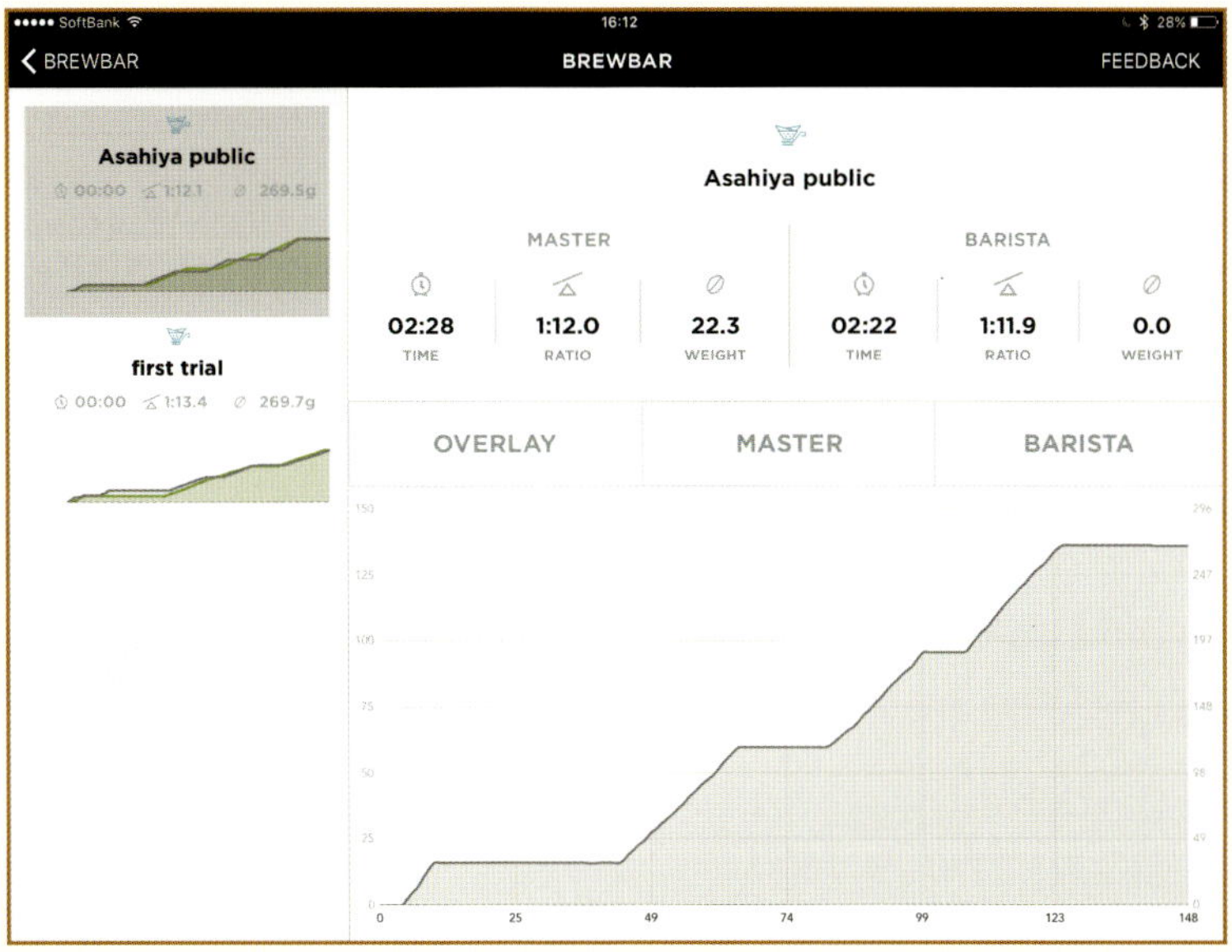

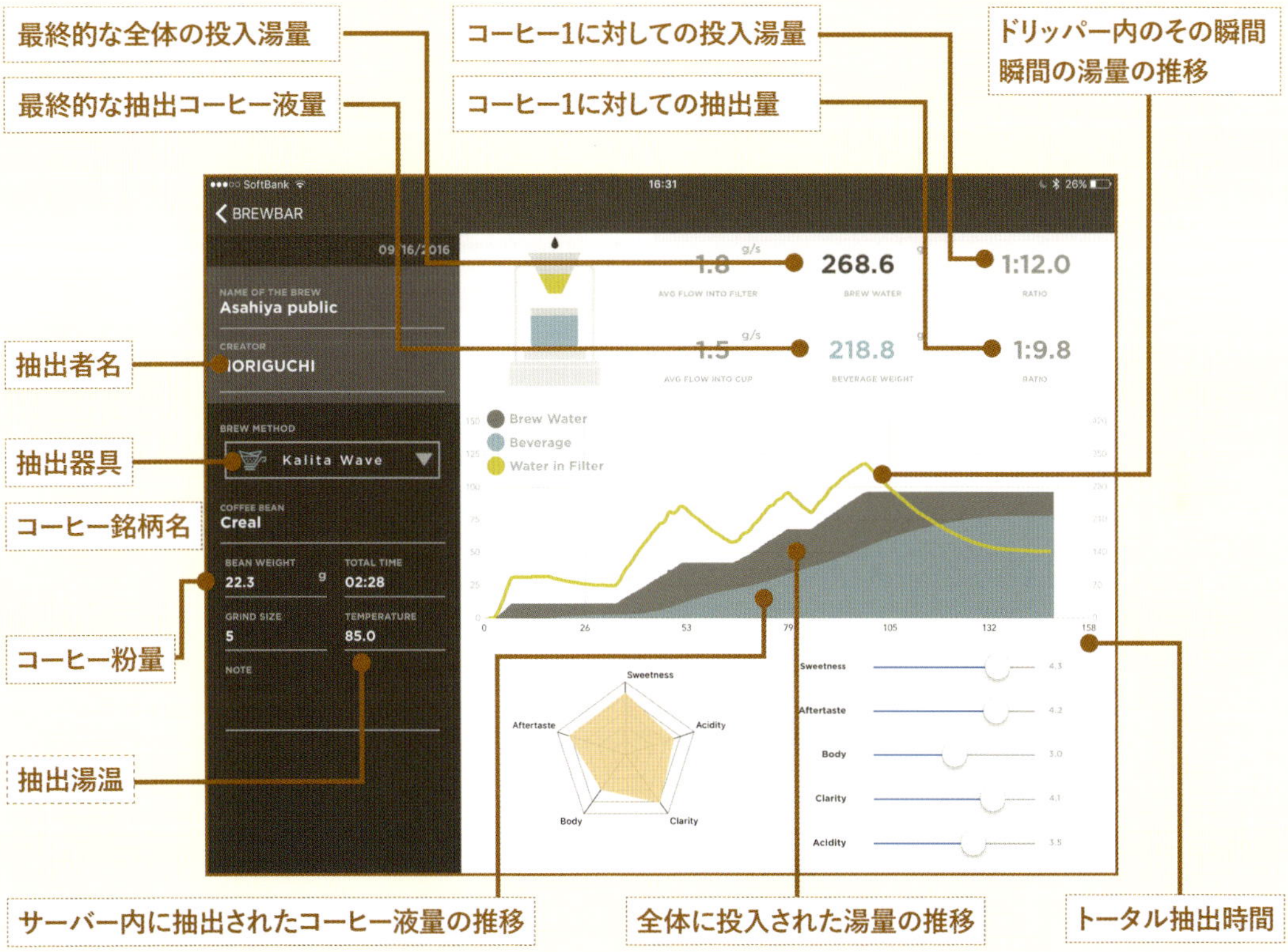

抽出を終えると、最終的な全体の投入湯量、最終的な抽出コーヒー液量とともに、全体の投入湯量の推移、ドリッパー内のその瞬間瞬間の湯量の推移、サーバー内に抽出されたコーヒー液量の推移を重ね合わせたグラフにまとめられる。
抽出した器具名、コーヒー豆の種類、挽き方とともに、テイスティングした結果をプロファイルすることができる。

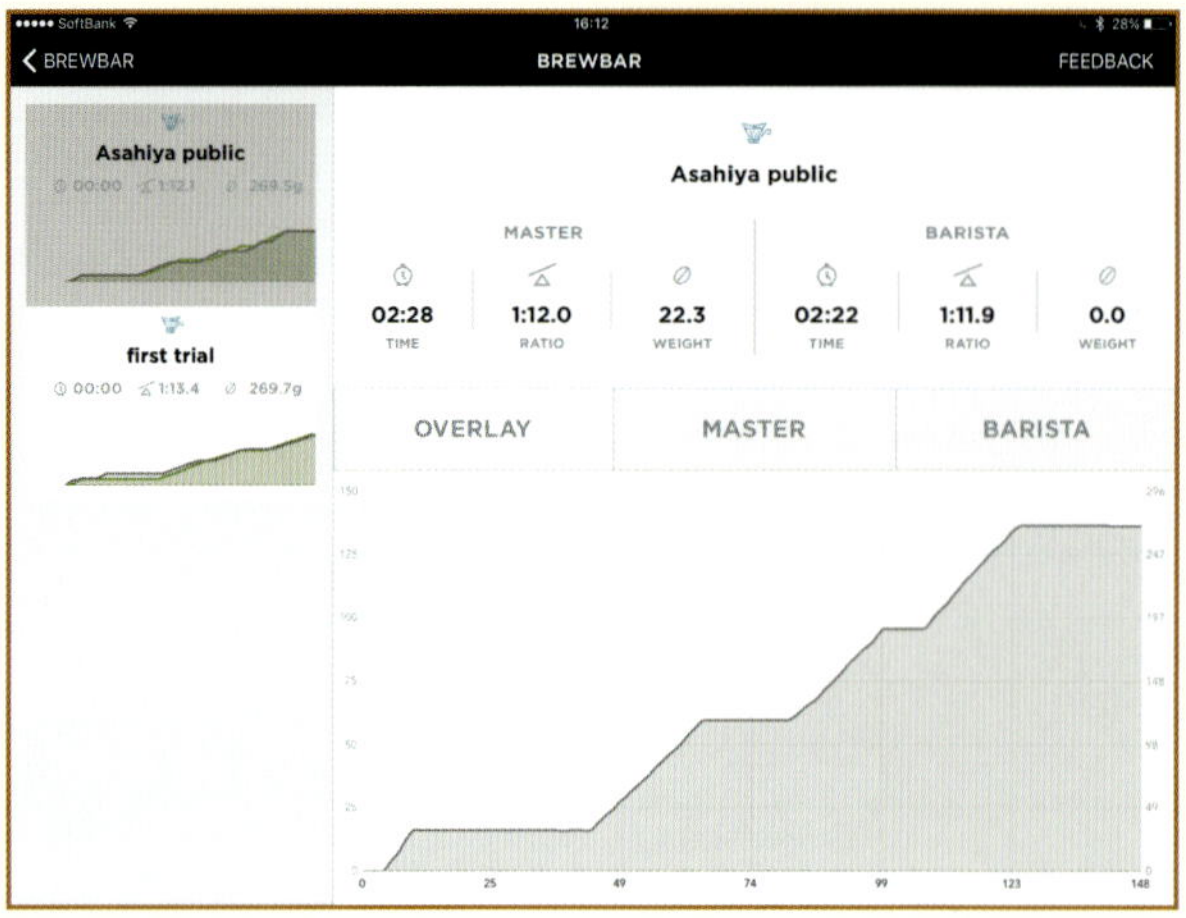

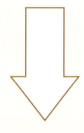

上の、お手本を示した人が抽出した注ぎ方を参考にして、同じコーヒー豆量、同じ湯温で、注いだグラフ。

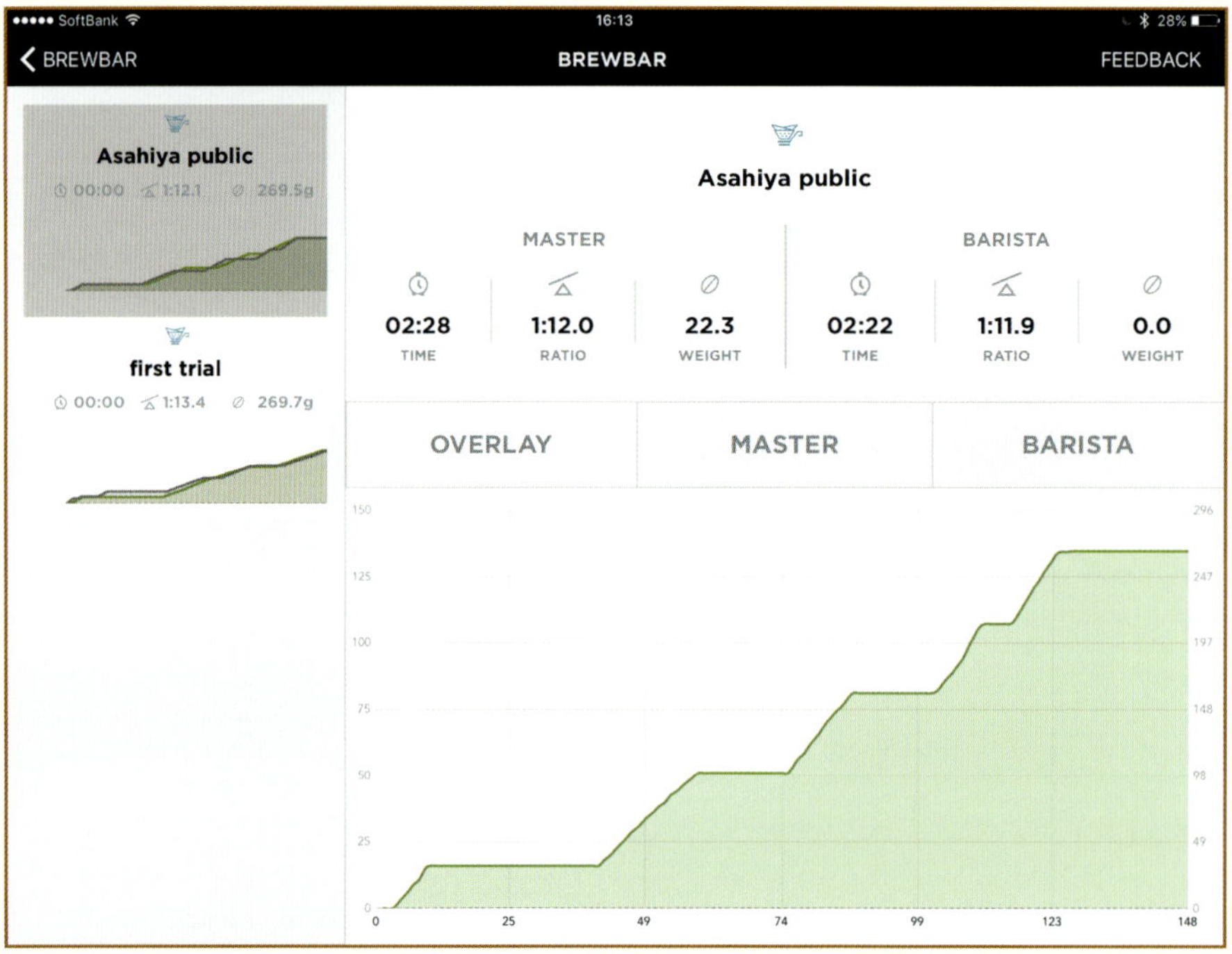

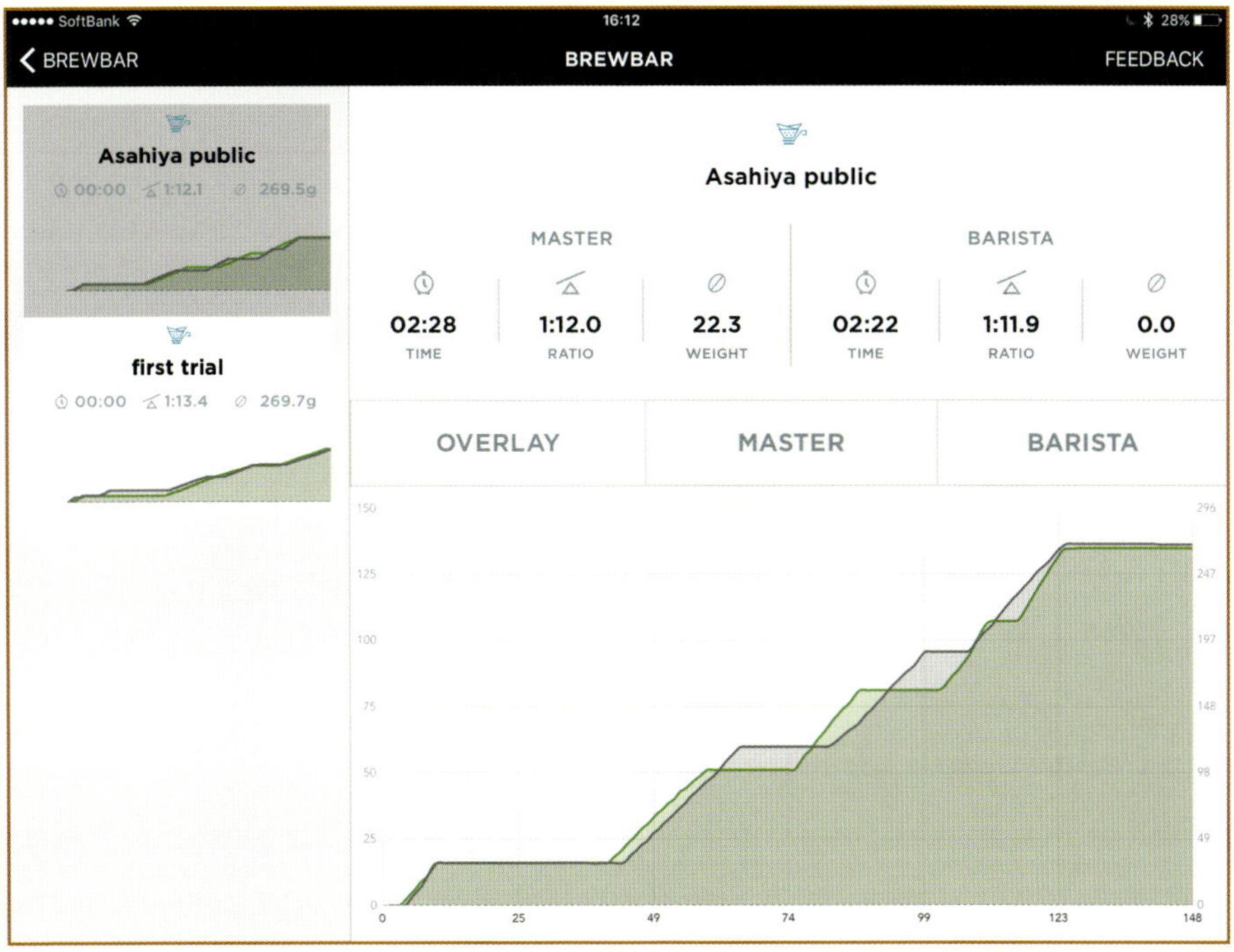

お手本を示した人のコーヒー抽出プロセスのグラフと、それを真似てやってみた人の抽出プロセスのグラフを重ね合わせて検証することができる。

同じコーヒー豆を使い、同じコーヒー豆量で、同じ器具を使って、同じ湯温で、同じ量のコーヒーを抽出しても、そのでき上りのコーヒーに味の違いが出るのは、湯の注ぎ方、湯を注ぐの止めるタイミングなどの湯量コントロールの違いによるもの。その微妙な違いを視覚的に検証できるのが、acaiaスケールと、acaiaと連動するアプリ。

【acaia 販売代理店】

有限会社 FBCインターナショナル

住所＝東京都港区芝大門2-3-15

一松ビル本館4階

電話＝03-3436-2575

URL＝http://fbc-intl.co.jp

ブリューコーヒーのメカニズム

廣瀬幸雄
金沢大学名誉教授
日本コーヒー文化学会副会長
工学博士

Brew Coffee × Theory

ペーパードリップも、ネルドリップも抽出の原理は同じ。「蒸らし」という作業から始まるが、その「蒸らし」には抽出のメカニズムに照らした意味がある。焙煎したコーヒー粉の粒子の組織構造は壁で区切られた空洞があり、ハチの巣に似ているのでハニカム構造と呼ばれる。このハニカム構造の抽出前と抽出後の変化を見ると「蒸らし」という作業が大切なことがよくわかる。また、ペーパードリップとネルドリップの粉の挽き方が違うのも、きちんとした理屈がある。

抽出＝ハニカム構造の中の成分を溶け出させる

グリーンの生豆が、焙煎の過程を経て、いわゆるコーヒー色の香り高いコーヒー豆に変身を遂げた次のプロセスは、コーヒー豆を粉にして、その粉から琥珀色のコーヒー液を抽出する作業である。

この抽出のポイントは、ハニカム構造の壁と繊維組織に付着したコーヒーの成分を、いかに香り高く、美味しく溶け出させるかという点にある。

以前に西部劇で、カウボーイがコーヒーの生豆をフライパンで煎って、その豆を腰のピストルで叩いて砕き、砕いた豆を大きなカップに

Brew Coffee × Theory

入れて焚火で沸かした湯を注ぎ、中の粉が下に沈むのを待って、美味しそうに飲んでいたことを見たことがあるが、あれはまさに、現在、我々がいろいろな器具を使って、最終的にはきれいなカップで色、香り、味を愛でながら飲むコーヒーの原形である。

ドリップに、中挽きという粒度が適する理由

焙煎豆をどんな大きさに挽く(粉砕する)かは、抽出する器具の特徴に合わせて調節する。粉の粗さは、大雑把に粗挽き、中挽き、細挽きの3種類に大別されるが、一般的に、細挽きはトルコ・コーヒー、ウォーター・ドリップ(水出しコーヒー／ダッチコーヒー)、エスプレッソに。中挽きはペーパードリップ、サイフォン、ネルドリップ、電気式コーヒーメーカーに。粗挽きは、パーコレーター、ボイリングに向くと言われている。

コーヒー豆を挽くときのポイントは、粉の粒子の大きさが均一であること、粉砕時の発熱量が少ないこと、微粉の発生が少ないことである。ここではドリップコーヒーにおける抽出を中心に、少し詳しく語りたい。

コーヒーの粉の粗さ、いわゆる粒度の問題は、ドリップコーヒーでの抽出に大きく関わってくる。簡単に言うと、粒度(粒の直径)が細かければ、フィルターの目に粉が詰まって湯がゆっくり落下するため、濃いコーヒーができる。逆に粒度が粗ければ湯がさっと落ちるため、抽出されたコーヒーは薄くなる。代表的なフィルターであるペーパーとネルを例に挙げると、ペーパーでは粒度0.02mmまでが目詰まりを起こし、ネルではなんと0.08mm以下で目詰まりを起こすという実験データがある。ネルの方が細かいように感じる我々の予想を覆す結果となった。そのためネルドリップではペーパードリップより粗い中挽きが向く。

一般に、粗挽きは1.8～1mm程度、中挽きは1～0.5mm、細挽きは0.5～0.2mm、それ以下が微粉と言われている。しかし、ハニカム構造を持つコーヒー豆を、狙った大きさにピタリと挽ける訳ではない。1mmの大きさを狙って挽いても、ぴたり1mmになるのは30%ぐらいで、残りはその周辺の大きさにばらついていることが分かっている。

粒度を安定させることは、抽出後、つまりコーヒーの味を大きく左右する。粉砕したコーヒーの粉1粒1粒の中にもハニカム構造があって、粒度が大きい程、1粒の中に含まれる空隙の数は多くなる。直系1mm前後の粉が約10万個の空隙を抱えているのに対し、微粉では100個程度にまで減少する。空隙が多ければ、1粒に含まれる空隙のうち外気に触れる空隙の割合は低くなるが、空隙の少ない微粉では、相対的に外気に触れる空隙の割合が高くなるため、酸化などの変化が起こりやすくなるという訳である。

なお、コーヒー豆を挽く時、摩擦熱が生じ

る。コーヒーミルは臼の原理で、豆を砕き潰すタイプのものが多い。そのため、粉砕するときに摩擦熱が生じる(ただし、切り歯でカットして粒子にするタイプのものは摩擦熱が生じにくい利点がある)。

この挽く時の摩擦熱は、コーヒーを黒く変色させ、また脂質成分から出る異臭の発生にもつながる。特に微粉の場合は粉を挽いた時に熱を抱え込みやすく、粉自体の温度が上がって味を変質させる。また、微粉は注湯においても過剰な抽出が起きて、味を損ない、色を悪くするので嫌われがちだ。

だからと言って、粗挽きなら必ず美味しいコーヒーが淹れられるかというとそうではなく、蒸らしの時間、注湯速度、さらに焙煎の程度による成分の含有率などが、美味しさに直接影響する。

ドリップ抽出の原理

抽出前と抽出後の粉を電子顕微鏡写真で比較すると、抽出前には細胞表面にいくつもの小さな突起物が見られるが、これが抽出後にはなくなっているのが分かる。これは湯を注ぐことで、細胞に含まれていた成分が溶

①コーヒーの粒子の組織の空洞内にお湯がしみこむ→蒸らし

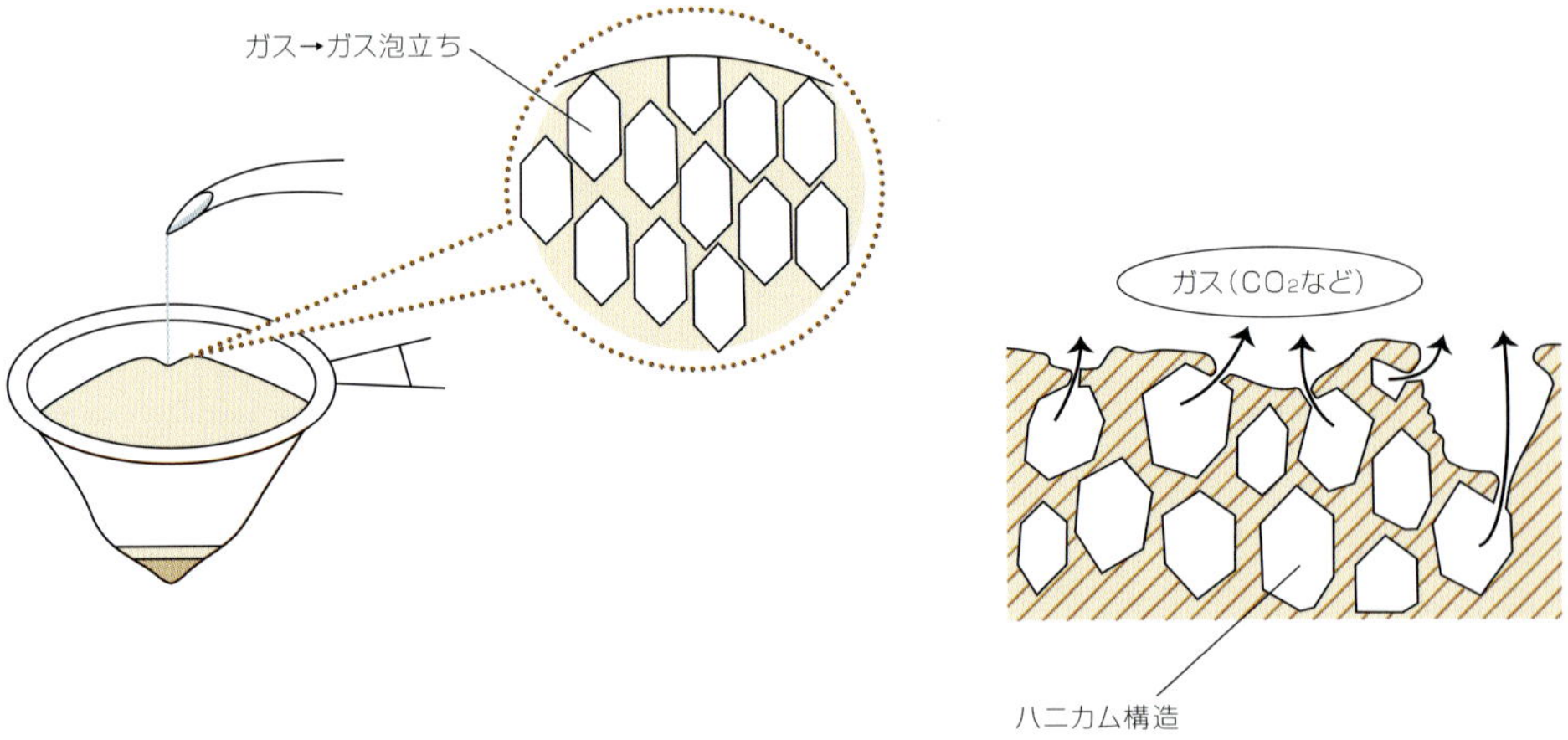

Brew Coffee × Theory

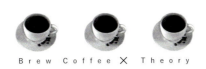

け出したことを示していると考えられる。

焙煎の過程において形成されるハニカム構造の壁には、多数の成分が付着し、それらの成分は高温の湯に溶け出す。これがコーヒーエキスとなって、最初の数滴に凝縮されるのである。

ドリップ方式のフィルター素材として、ペーパー、ネル、金属等があるが、抽出の基本原理としてはみな同じである。重要なことは、単純に、湯と一緒にコーヒー成分が落下している訳ではないということだ。ドリップ式では、実は物質移動の原理、すなわち物質は濃いところから薄いところへ移動するという原理原則が働いている。

まず、少量の湯によって粉が蒸らされ、膨張すると、ハニカム構造の壁から成分が溶け出し、そこに濃い液ができる。その上にさらに湯を注ぐと液の濃度は下がり、最初に生成された濃い液体は、新たに注がれた薄い液体へと移動する。つまり、蒸らしによって充分に濃くなったコーヒーエキスは、注湯された薄い液に引きずられて落ちていくという訳である。したがって、充分蒸らしてから抽出する場合と、蒸らしは短くさっと抽出する場合とでは、抽出されたコーヒー液の濃度に明らかな差が生じる。

②コーヒーの成分が溶け出す→空洞内での濃度の濃淡ができる（物質移動）

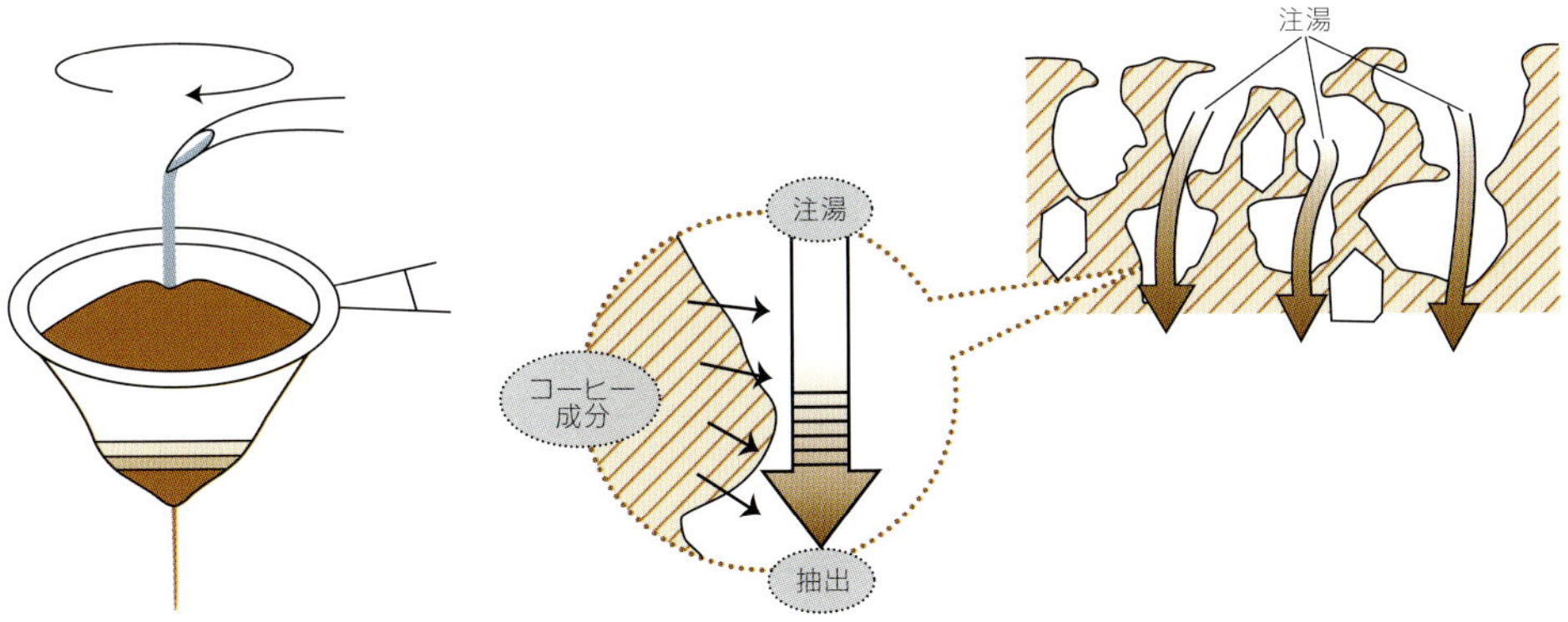

③抽出→注湯でさらに物質移動がおきる

$$\frac{\text{コーヒー液}}{\text{コーヒーのカス}} = (60\%〜75\%)$$

抽出温度、抽出時間のコントロール
↓
出てくるコーヒー成分に違いが生じる

40℃ ＝ オイル成分が溶ける
50℃ ＝ かなりのコーヒー成分が出てくる

各種ドリップ器具、フィルター、コーヒーポットほか。

注目BREW COFFEE器具

［問い合わせ先］

キーコーヒー株式会社
問い合わせ先／0120-192008(お客様センター)

クリスタルドリッパー

KEY Noi グラブサーバー

株式会社 三洋産業

問い合わせ先／0977-25-3464

有田焼円すいフラワードリッパー
※左手前から時計回りに
（ブルー）（ピンク）（イエロー）（グリーン）（ホワイト）

TSUBAME PRO

樹脂製円すいフラワードリッパー
（左）1杯用（右）2〜4杯用

自家焙煎珈琲豆 Honey Beans

問い合わせ先／03-5944-5975

フレームドリッパー SD-02

フレームドリッパー CM-02、03

IFNi Roasting & Co.

問い合わせ先／054-255-0122

Mt. FUJI DRIPPER レギュラー、ラージ

クロスフィルター

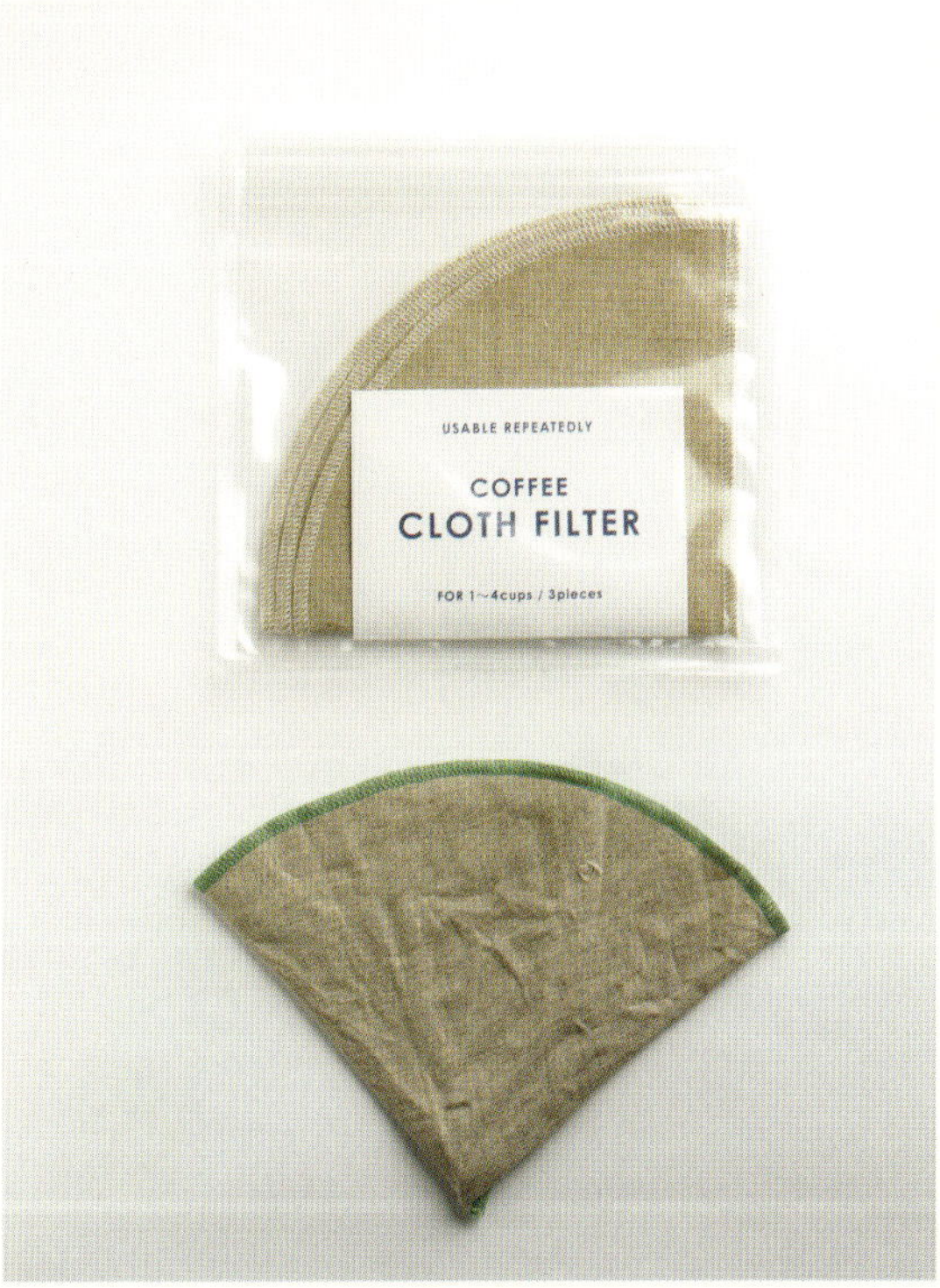

HARIO株式会社

問い合わせ先0120-398-207

V60カパードリッパー

V60透過ドリッパー　セラミック

V60耐熱ガラス透過ドリッパー

TORCH

問い合わせ先／027-386-5460

ドーナツドリッパー　ホワイト、ブラック

KINTO

問い合わせ先／0800-700-7971(フリーコール)

KINTOスローコーヒースタイル　カフェセット　プラスチック

松屋コーヒー本店

問い合わせ先／052-243-4300

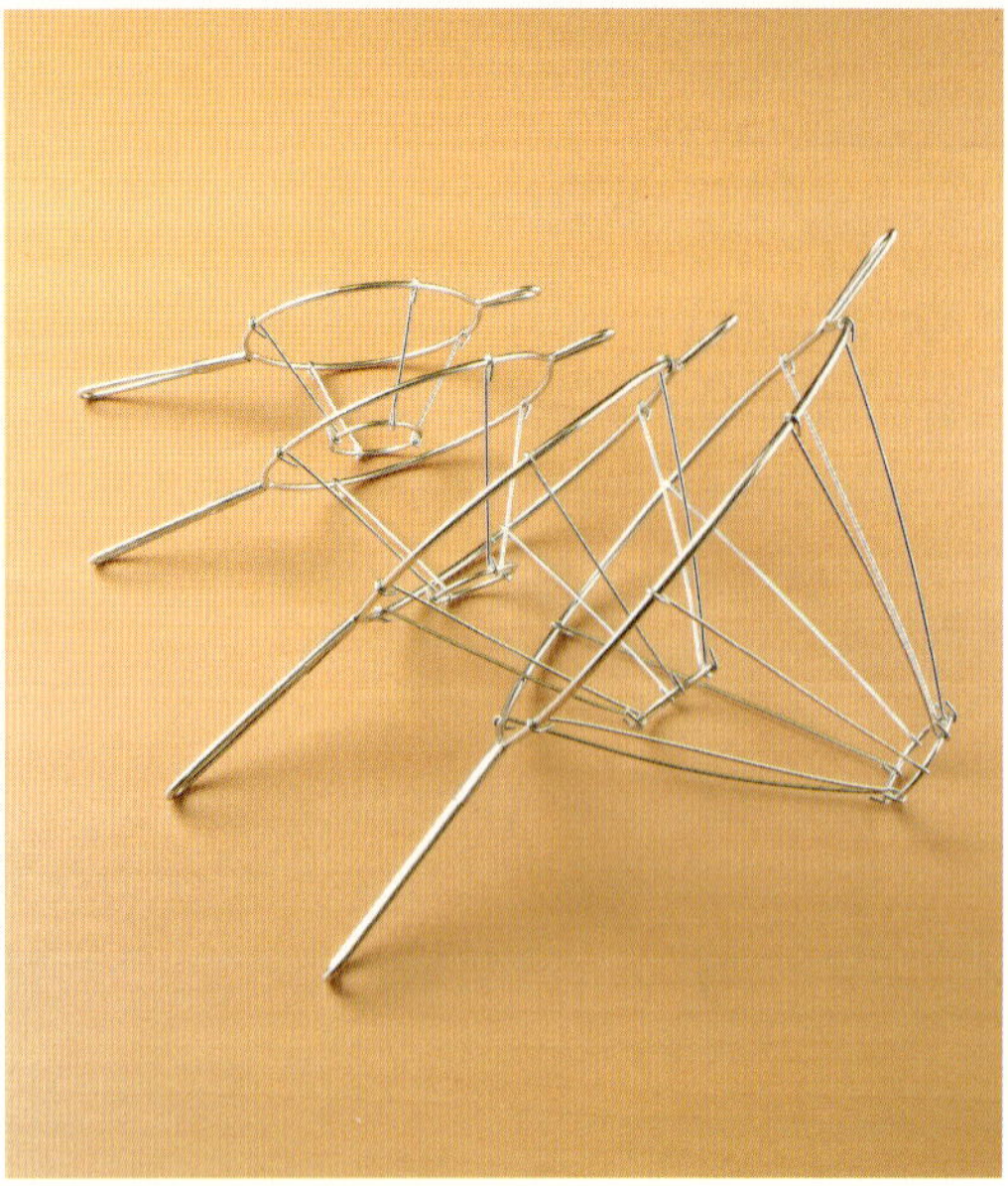

松屋式ドリップ専用金枠

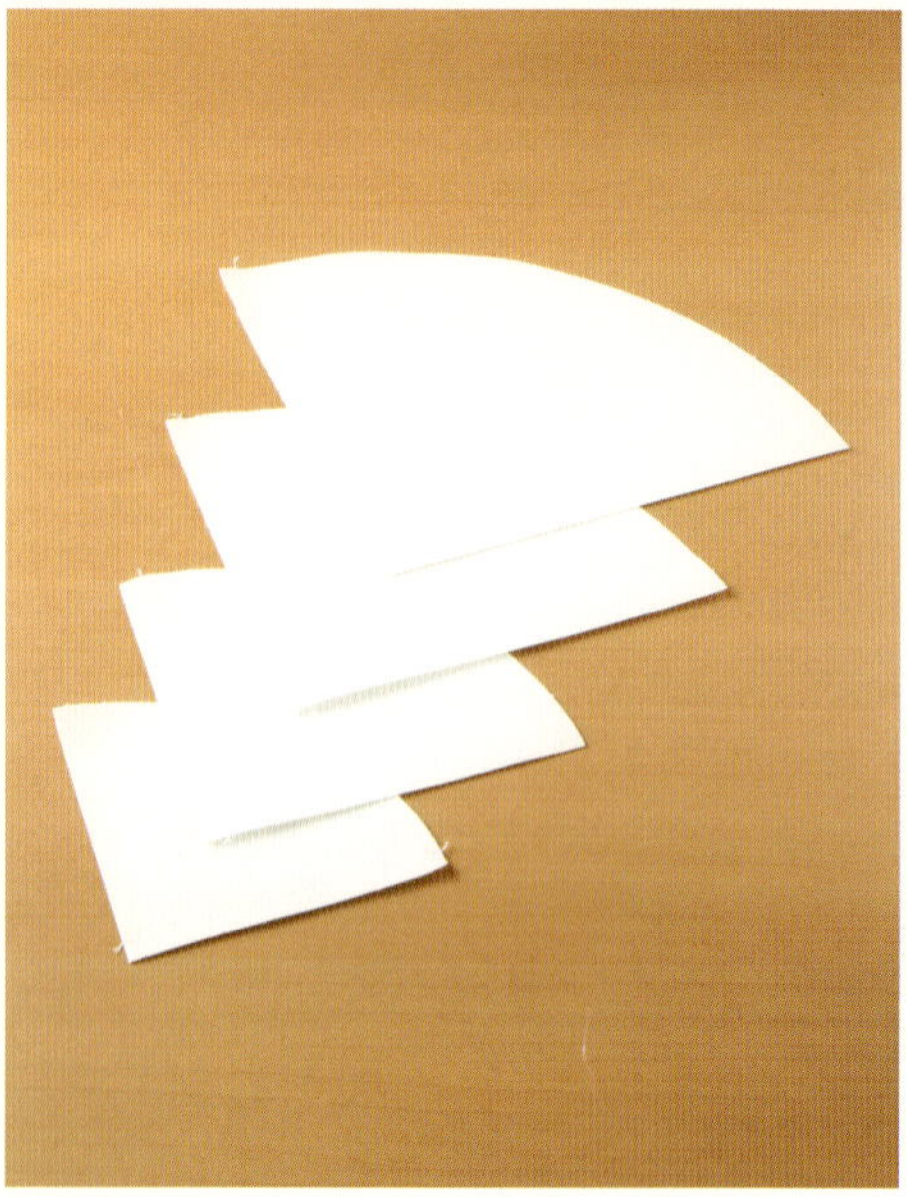

松屋式ドリップ専用ペーパーフィルター

有限会社フレーバー・コーヒー

問い合わせ先／0563-57-1292

カリタ銅ポット900温度計付き

大石アンドアソシエイツ

問い合わせ先／03-5393-4447

coresゴールドフィルター

株式会社オプトニクス精密

問い合わせ先／0284-43-3611

ゴールデンカフェフィルター

フリーデザイン吉祥寺本店

問い合わせ先／0422−21−2070

KONE ステンレス
コーヒーフィルター

ケメックス ガラスハンドル
コーヒーメーカー

株式会社マックマー

問い合わせ先／03-6715-7161

カフェメタル

コーヒーポット

株式会社富士珈機

問い合わせ先／06-6568-0440

ネルブリューワー
NELCCO(ねるっこ)

小川珈琲株式会社

問い合わせ先／0120-077-800(平日9:00～17:00)

エアロプレス

有限会社センチュリー・フレンド

問い合わせ先／042-710-2172

クレバーコーヒードリッパー

ハンディブリュー　XLサイズ

有限会社FBCインターナショナル

問い合わせ先／03-3436-2575

acaia(アカイア)

bonaVITA 1リットルグースネック電気湯沸(1度単位設定)ケトル 日本仕様

BREW《ブリュー》 COFFEE《コーヒー》 TECHNIQUE《テクニック》

発行日 2017年10月28日初版発行

編 者　旭屋出版 編集部(あさひやしゅっぱん へんしゅうぶ)編
発行者　早嶋 茂
制作者　永瀬 正人
発行所　株式会社旭屋出版
〒107-0052
東京都港区赤坂1-7-19 キャピタル赤坂ビル8階
郵便振替 00150-1-19572

販売部 TEL 03(3560)9065
FAX 03(3560)9071
編集部 TEL 03(3560)9066
FAX 03(3560)9073
広告部 TEL 03(3560)9062
FAX 03(3560)9072
旭屋出版ホームページ http://www.asahiya-jp.com

デザイン　VAriant design

カメラ　後藤弘幸、曽我浩一郎(本誌)、佐々木雅久、川井裕一郎、
間宮 博、野辺竜馬

印刷・製本　株式会社シナノ パブリッシングプレス

※許可なく転載、複写ならびにweb上での使用を禁じます。
※落丁、乱丁本はお取替えします。
※定価はカバーにあります。

©Asahiya Shuppann,2017
ISBN978-4-7511-1302-8 C2077
Printed in Japan